四川省"十二五"时期重点图书出版规划项目
四川省2014年度重点图书出版规划项目
2015年四川省重点出版项目资助
发展振兴四川出版重点图书规划（2017—2021年）重大出版工程规划项目（重大人文社科出版规划项目）
四川省2018-2019年度重点图书出版规划项目

西南财经大学马克思主义经济学研究院
西南财经大学经济学院

编

陈豹隐全集

第四卷

①

西南财经大学出版社

图书在版编目(CIP)数据

陈豹隐全集. 第四卷.1/西南财经大学马克思主义经济学研究院,西南财经
大学经济学院编.—成都:西南财经大学出版社,2019.12
ISBN 978-7-5504-4271-9

Ⅰ.①陈…　Ⅱ.①西…②西…　Ⅲ.①陈豹隐(1886-1960)—全集
Ⅳ.①Z427

中国版本图书馆 CIP 数据核字(2019)第 279676 号

陈豹隐全集. 第四卷 1
CHENBAOYIN QUANJI.DISIJUAN 1

西南财经大学马克思主义经济学研究院
　　　　　　　　　　　　　　　　　　　编
西南财经大学经济学院

责任编辑:张　岚
封面设计:杨红鹰　张姗姗
责任印制:朱曼丽

出版发行	西南财经大学出版社(四川省成都市光华村街55号)
网　　址	http://www.bookcj.com
电子邮件	bookcj@foxmail.com
邮政编码	610074
电　　话	028-87353785
照　　排	四川胜翔数码印务设计有限公司
印　　刷	四川五洲彩印有限责任公司
成品尺寸	165mm×235mm
印　　张	11.5
字　　数	131 千字
版　　次	2019 年 12 月第 1 版
印　　次	2019 年 12 月第 1 次印刷
书　　号	ISBN 978-7-5504-4271-9
定　　价	78.00 元

出版说明

　　本分册辑录各篇，其来源一是欧战期间陈豹隐在日本向国内读者翻译介绍的当时西方各主要国家政治思潮的文章——1919年由吴贯因校阅，北洋政府内务部编译处以《欧战期间杂纪 政治思潮纪》刊行；二是由北洋政府内务府编译处刊行的《世界大势》中收录的文章；三是20世纪20年代陈豹隐在北京大学任教期间在《国民新报副刊》《晨报副刊》刊载的译稿与文章。

　　我们在重新整理编辑审校的过程中发现，这些当时集结或刊载的文章在标点、数字的使用以及国外人名、地名的翻译等上并不规范，而当时的文字表述风格也不一定符合今人阅读之习惯，但出于慎重，我们的核心原则仍然是尊重原文。因此，除明显错字、异体字和影响理解的标点外，编者和责任编辑凡有疑问，均不做直接改动，而采取编者注的形式予以说明（马克思、列宁的译名除外）。由于年代久远，加之编辑的学识浅陋，处理以上问题未必十分精准，特予以说明。

　　特别感谢为本册统稿付出大量精力的复旦大学历史系博士陈拓，以及通读审阅本册的西南财经大学经济学院刘方健教授。

目录

庶民政治与外交秘密[①]

陈启修

引言——

一、秘密外交与庶民主义

二、一八七五年法国国宪与秘密外交

三、外交秘密之功用

（一）原名"La Démocratie et le Sécret diplomatique"。著者为巴黎法科大学教授巴梯勒迷氏（Joseph Barthélemy），见 Revue politique et parlementaire，No 264，Nov. 1916。原文万余言发挥尽致，盖杰作也。以其言法国事与吾国政局颇有相似之处，可供参考，丞译之以公同好。惜译者不文，仅逐句直译已煞费苦心，况中西文体互异，不能不加以斟酌，艰涩之处势所不免，读者谅之！

（二）庶民政治注见拙著《国宪论衡释义篇》。

---

① 编者按：《庶民政治与外交秘密》，（法）巴梯勒迷氏（Joseph Barthélemy）著，陈启修译，选自 1917 年 2 月付印、1917 年 4 月出版的《学艺》第 1 卷第 1 号，第 185～190 页。文末注明未完，但未见续译。

引　言

秘密外交问题，不自今日始。数年前，尝震世听而动公论矣。延至今日，不惟尚未解决，犹大有生气存焉。欧洲各国，大战方酣，寻其原因，实维秘密条约。俄法同盟、英法协商无论矣。匈牙利之参战，亦维勃、德、奥、土诸国间之新秘密条约使然。意大利有与德奥联盟之秘约，至今未见公布。然无或疑焉。罗马尼对奥宣战，而世人始知其曾与同盟三国结有密约。希腊之空负援助塞尔维之责，亦维有密约（此约虽经巴黎时报于一九一六年八月十五日发表，然尚存在）故。希德之间殆亦有密约乎？不然，何以勃军径据希国之马西多宛（Macédoine）要塞也。联合军各国会议于巴黎，订立协约，名为关于经济商业，实则外交及军事问题也。罗马尼之所以迅雷疾风，蹶然以起，与联合军各国确定参战条件者，要不外乎有极秘极密之条约在故耳。

夫国政万端，虚实交错，策略纵横，势之所必至者也。故一国政治争论之中，常有外交秘密之问题在。不观乎德相伯满荷维（Bethmann-Hollweg）乎。大言不惭者屡矣。至其极敢毅然举开战责任，嫁诸英俄法秘密协商，而德之社会庶民党乃亦俯首帖耳而就战线，只知战争为政治上之事实，而不知德实为祸首矣。而一九一五年二月，劳工总同盟，亦对于国际职工会发表宣言书。公言欲于战后招集各国劳工代表会议，以谋绝灭秘密外交制度，而致永久平和。问题之大，可以知矣。

吾人于此乃不能不研究秘密条约与庶民主义之能否两立，若能两立，则其间以若何程度，可以互相调和。而秘密条约对于一般平和有何影响，又其对于法兰西国家之安全有何关涉。

一、秘密外交与庶民主义（La diplomatie sécréte et les principes démocratiques）

庶民主义，义甚广岐。从立宪问题察之或可约言之曰，庶民主义者，谓授与人民之权力，务求其多也。（le plus possible de pouvoir an peuple lui-même）更言之，谓以最大权力与人民所选之代表也。反而言之，即谓无论行政权如何任使，其权力务求其少也。由是而观，秘密外交与此概念，适处于正反对之地位也明矣。盖实际上当政府缔结条约之时，微特人民或其代表未见召集以征同意，乃至条约之存在，亦不以之见告也。然则此问题之归结如何，不难逆料矣。吁世尝谓人民为其运命之主人翁矣。真耶？否耶？不但不自司其运命而已，亦曾知其运命之为何如耶。共和国大统领端坐于内阁，辅以二三阁员，冥冥之中，而四千万人之运命决焉。露白及笛卜思（Loubet、Delcassé）二氏注。关于对外政治，其权力不几与鲁意十五世及舒瓦塞（Choiseul）相等乎。非但相等而已，事实上则此独裁权之威力，更有大者焉。何则？当古昔君主时代，秘密外交所牺牲者，不过有数之德国骑士、瑞士佣兵及一群穷魔而已。今日则不然，军队即国民也。秘密外交所牵累以至战场者，实国民之全体。而国民初未能一表同意、一抒己见、一见豫告也。然则论形势虽似乎鲁意十五世之时，而实情则转恶矣。

由庶民主义之理论言之人民对于内政，既可自由处置其自己之运命。则对于外交，亦当自为主人翁，与对于内政无异。人民者非属人之物，非一人所有。人民所当守之法，惟限于其所同意或间接由其代表所协赞者。若夫以人民未承认之条约，拘束人民，人民不任受也。设国际关系可超然居于人民之上，则人民将立于少数治者之下，主权者将变而为国权之目的物矣。何则？苟有人焉，用他人之名义，举他人性命财产名誉而处置之，而未尝告知其人，则无论其人位置如何尊高，又无论其人为一人或众人，其夺人之主权也则一。若然，则所谓人民主权者，将徒具空名。加租税则拱送金钱，赴战场则默洒热血。甚矣人民之受对外政治之影响之深也。夫有责任者当有权力（Qui a la responsabilité doit avoir l'autorité），此独立自尊之人民之公意也。此意或善或恶，由其自定，决无用他人立于人民之上而为之判之。此主义乃吾国极左极右诸党所极力承认屡入论坛者。吾人于此，见惯不惊，视为当然。盖天下最严之名理家，无过于反对论者。反对论者且共认之，其合于理也必矣。[1]

故秘密外交与庶民主义之一种概念背驰。从一种罗辑言之，了无可疑。

虽然，此种罗辑外观上虽极简明易晓。然反覆思之，审实政，察事情，吾有以知其实不足取矣。今若承认人民公意当左右国际政

---

[1] 原注 Anatole France，Jaures，Sérilles，Démocratie et diplomatie，Paris，1906.　—G. Jeze, Revue de droit public，1912，p. 313.　—Albert de Mun Discours du 15 déembre 1910.　—Jacques Piou，Discours du 1er mars 1912（Journal Officiel p. 551 etc.）

治，则实行之法，当不外人民投票。（Referendum）①与人民以一般投票之权，使之审决之。且理论上此一般投票权，不当限于一定年龄之男子，而当并及国民中具有理智之一切分子。于法始为公允，此理至明。然以予所知，虽极端反对秘密之人，亦未尝要求至此者。何也？且如瑞士，世界中庶民主义最盛之国民也，然未尝敢举结条约之权，委诸人民投票。革命时代之山岳党国宪，举一切难能之事而规定之，犹未敢唐突至此。大革命以来，所自称为人民者，大都不外乎国民中最暴最躁之一部分。所称为公意者，实一种游移不定之意见，可以随人好恶自为解释。盖少数个人僭人民之名以立者耳。

是故一国对外政治约之管理权，不得不委诸代表之手。夫人而知之矣，今所欲研者。在充此代表者当以何人。所谓国会完全代表人民之说，实属谬想。国民代表之组织，规在国宪，职权配分，最合公益。国会代表人民，仅关于立法作用。至于对内统治作用乃由共种国大统领代表人民行之。此今日所公认也。

问题要旨，在定对外之代表管理权。国宪上当属何种机关，可视为政治问题，亦可视为宪制问题。立宪以来，不少研究，加以经验所得，迄今仍认行政权为最能善于代表国民处置国际关系也。

政治代表之义，亦有种种。以吾人观之，凡一国国宪上之机关，非代表一时之倾向，亦非代表一选举团体。其所代表者，实其国家。所谓国家，非专指现在，乃并其国之过去，其国之未来，其国之愿欲，其国之义务，其国之历史上之使命，而代表之。其所代

---

① 原文如此。——编者

表者，非有数之个人，而国民全体所构成之人格也（personne mo rale）。政论界名士热兹（G. Jéze）尝大胆谓人民对于外交，当如对内政，主张自己之意见，不论其意见之善否。又谓议员对于外交谈判，苟觉其不利于国家，有中止之权利及义务，不问其判断之合理与否。吁，其然岂其然乎。所谓不良之意见者，盖谓与法兰西国家利益相反之意见也。苟如其说，则是国家反当勉强屈就，以得人民之欢心。然革命以来，名义上所谓人民者，实则少数市民，或少数市民所选之人耳。

以予言之，予敢谓如斯罗辑。祇足令人惊诧。试问设若大多数有选举权者，联合以陷一正当或无罪之人，则起而抑选举人而援此无罪，非政论当然之义务乎。若谓吾人对毫无纲纪之群众，当如对古代帝王。举凡所有专横不正之权力，皆当承认，则吾复何说。惟有太息吾人祖先革命之不经济而已。又试问此大多数有选举权若有联合以害国家利益之举动，则起而抑选举人以护国家者，其当然负此义务者，又非政府而谁属乎。且予非漫为是言也。予固深知庶民主义不承认无资格之说矣，予又深知一八四八年国宪会议尝明言一种原理，谓若有人不信人民有参政之权、参政之途、参政之能力，及不信凡人民所欲，尽属善良公正，合于国家之利益，则其人即非共和国民矣。然予实又深知此种拟想之决不足以支配一大国民之运命也。有种罗辑，尝为共和制之反对者或其狂躁之党员所引证。用以解释共和制度。吾人慎勿为所迷。一九一二年三月，皮五（y. Piou）曾攻击一八七五年七月六日法律第八条。谓共和国宪之中，乃混入君政时代之条款。夫制治之具，苟有益于国，政府即当行之，何拘朝代。且今日之理想共和国家，犹与西衰弄（Cicéron）

所下之定义相符。理想共和制，在庶民、贵族、君主三制之混合。庶民制之益，在与人民以政治上之权利。贵族制之益，在其经验之丰富、才能之超越。君主制之益，在行政作用之独立而能统于一。取三制之长而成共和，斯为最善。外此则不为无政府，即无能政府矣。热兹氏（Jeze）亦尝对于秘密外交问题求共和制上解决。桑巴氏（Sembat）则竟谓法俄联盟而共和国失其所以为共和。呜呼，肆哉言也，何其不衷乎理而欠深思耶。用此等言语，以阻问题之解决，以损公民之体面者，他尚有人。予则惟有固守己见，自命为共和国民。关于对外政治，务求善制，以利我国家，而保大法兰西之安荣耳。

由是观之，秘密外交问题，殊不足当高远之推理。吾人于此，不但须从纯罗辑上立论，并须注目国家大计，作为实用问题论之。（未完）

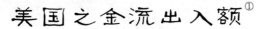

美国之金流出入额[①]

十一月五日东洋经济新报

陈启修　译

　　自欧洲开战以来，流入于美国之金，于一九一六年末，在十亿美金以上。其流出额仅二亿六千余万美金。故出入相杀，纯流入额实达八亿一千八百余万美金[①]。几乎得一九一五及一六两年世界所产金之全部（除美国所产者而言）。故其国内所产金额虽较减退，而国内现存金则达于可警之巨额。今示由一九一四年八月至一九一六年十二月末止之流出入额如左（下）。

	一九一四	一九一五	一九一六
流入额	二三、二五二千美金	四五一、九五四千美金	一、〇八五、二〇六千美金
流出额	一〇四、九七〇千美金	三一、四二六千美金	二六六、三九八千美金
相抵结果	（□）八一、[②]七二〇千美金	（△）四二〇、五二八千美金	（△）八一八、八〇八千美金

　　备考　（□）为流出超过　（△）为纯存留额

　　兹为参考计，表示最近十年间世界所产金额及美国最近三年间

---

　　① 编者按：《美国之金流出入额》，十一月五日东洋经济新报，陈启修译，选自内务部编译处编译、吴贯因校阅：《欧战期间杂纪　经济纪》，北京：内务部编译处，1919 年 6 月，第 59～60 页。

　　② 计算结果原文如此。——编者

所产金额于左（下）。

世界金产额

一九〇七年	四一一、二九四千美金
一九〇八年	四四三、四三四千美金
一九〇九年	四五九、九二七千美金
一九一〇年	四五四、二一三千美金
一九一一年	四五九、三七七千美金
一九一二年	四七四、三三九千美金
一九一三年	四六二、六六九千美金
一九一四年	四五九、四九三千美金
一九一五年	四七八、五四七千美金
一九一六年	四六七、四三五千美金

美国金产额

一九一四	一九一五	一九一六
九四、五三一千美金	一〇一、〇三五千美金	九三、三一五千美金

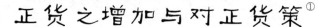

正货之增加与对正货策[①]

译十月三十日大坂朝日新闻

陈启修

　　欧洲开战以来，欧洲各中立国如瑞典挪威瑞士荷兰等之正货莫不激增，而日美两国之正货，增加尤多。一九一四年美国所有之正货合政府及民间所有，仅日币三十七亿余万元。至本年七月，事隔三年，乃增至六十一亿余万元，其增加率实为六成四分。日本正货近虽超过十亿元，较之美国犹不无小巫大巫之感，然三年间之增加率，较美国为大，实达十七成。盖大正三年末之正货总额，仅三亿四千万余元也。而在内正货之增加率，较正货总额增加率尤大，实达二十六成。此等倾向，颇足刺戟美国之朝野，至使美国采用正货输出禁止之方针。其在美国是否为不得已之措置，兹不具论。所当论者，则日本政府因受美国禁输之影响，所采用之正货输出禁止也。

　　财政部令禁止金货及地金之输出并禁止搜集及铸毁金。货币以供地金之贩卖或使用。此其事实殆与停止兑换无异。何则？凡向日本银行请求兑换者，非欲作为金货而输出之，即欲作为地金而使用之耳。今既禁其输出，又禁其使用，是徒存金货之名，而阴夺其

　　①　编者按：《正货之增加与对正货策》，十月二十日大阪朝日新闻，陈启修译，选自内务部编译处编译、吴贯因校阅：《欧战期间杂纪　经济纪》，北京：内务部编译处，1919 年 6 月，第 75～77 页。

实矣。

夫内有四亿六千余万之正货外亦有五亿四千余万元之正金，然犹不得不实行事实上之兑换停止。果何故乎。且此问题又不仅关于财政部之正货禁输而已。世上百方计划谋吸收正货于内地者，数亦不少。吾诚不知其何心也。

正货非无故而输出外国者，其输出也，必因有商品之输入。而商品不问其为原料品为制造品。苟因国民生活上之必要而见输入，则经济上外国贸易之利即在于此。然今乃欲禁止正货之输出，谋更正货于内地，岂非欲以正货之吸集为贸易之目的乎？然国际战争之非正货之战争而为货物资之战争。此次欧战已说明之。而无复遗蕴当此之时。乃耽正货万能之迷梦，斯则吾人所甚不取者也。

纵今日本经济界因欧战故而有异常之膨胀，然欲于战后长握十亿余之正货于日本人之手中。从日本在国际经济上之情状观之实势所不能，故平和恢复后此十亿正货之将复流出于外国。盖稍知经济事情者之所知也。问题之生，不在其流出与否，而在其流出之迟速及程度。若将来正货之减少过激，日本经济界将不得不陷混乱之状态，而此危险之大小当与战时中正货蓄积之程度为比例又势所必至也。

若欧洲战争，使日本人于经济上之自给状态，则平和克复后，日本依靠外国原料及制品之事必少输入贸易，其能因之较战前锐减否乎。试证诸交战三年间之经验，当知其不能也。何况今日一般物价，非常腾贵。循斯以往，而不谋补救，则今日之正货吸收策可谓使日本经济界日趋于危险之愚策也。

英国之战时储蓄运动[①]

陈启修 译

一、

　　储蓄之要，稍知经济学理者，皆知之。盖一国之中，生产所得，若皆消费无余，则必陷于室如悬罄、野无青草之境。而国家及个人之富力，皆将无从成立也。欧战以来，四年之间各交战国所耗金钱，动逾巨亿万。世人徒惊其耗费之巨大发为奇叹，而不知其能如斯浪费者。实其平时储蓄之多，及战时储力之大，有以致之也。

　　战时储蓄运动，比年以来盛行于联合诸国。此其原因不外乎二。第一，现代战争为财力战争。丰于财者常有优胜之势。故奖励储蓄，功不下于冲锋致果。第二，此以战争兵燹之惨。无论精神上物质上，俱为近世所未有，社会之破坏既甚。各国重新建设所需之资必多。资厚者可迅复原状，资乏者将鞠为废墟。故奖励储蓄，亦不啻再造国家。有此二因，故有识之士，莫不注意及此。布拉克

---

　　① 编者按：《英国之战时储蓄运动》，陈启修译，选自内务部编译处编译、吴贯因校阅：《欧战期间杂纪　经济纪》，北京：内务部编译处，1919 年 6 月，第 181～186 页。

者，英国之战时储蓄运动实行家也。尝论战时储蓄之要，及英国战时储蓄运动之状况，足供经世家之参考，述其梗概于左（下）。

欲识储蓄与战争相关之切，当先审战费之来源顾战费筹备问题，范围广大。各交战国当局，集多数人之心思才智，极力策划，仅能支持危局。以国势之不同，民情之殊异，议论纷纭难置可否，列而论之，将成巨册。今不暇作烦琐之辞，不避专断之嫌，将此问题略加讨论。

一国战费之筹出。不由于租税必由于公债之实收金，夫人而知之矣。然此犹仅言筹备方法耳。至于租税及公债由何而来，交战国之人民，如何而应政府之征募，斯则问题中之根本问题，不容不一为研究者也。或曰战费之来源，在租税与公债，而其用途，不外乎陆海军军人薪俸族扶助金，军需品及食料品之代价，各军用工场内职工之工资等而已。故政府对于此等用途之支出愈大，国民应政府征募之力亦愈厚。战费之支出与租税及公债之财源盖互相为用云，是说不无一理。盖觇之各国实况，一国之战费，往往出诸人民而入于政府，复出自国库而流于人民之手。同一物也，时而为战费，时而为租税。及公债如此辗转，运用而战时财货，乃克源源不竭。若战费而无此种经济上当然之调节补充作用，则国纵富强，又乌能日费六七千万元，而支持至四五年之久耶。顾此说虽足以明战费运转之理，而于战费之真相，犹有隔袜搔痒之嫌。欲明战费之实，须当祛以货币思量一切事物之旧习。夫货币之为物，乃文明国民间一种特别之力之表征。有货币者，常有使他人向自己供给物资，或劳役之能力。故货币之可贵，不在货币，而在其所代表之力，诚以货币不过一种外形而此力乃其本质也。当兹交换经济时代，虽间有自己生产自己消费之事，然大抵非衣食其所生产之物。特衣食于其所致之力耳。譬如食苹果。入自己之果园而食之者，必居少数。其大多数，皆以货币向市上购取之。此种购食行为以理剖之，要不外乎以货币所代表之力，使他人供其生产物于自己而已。故金钱之耗费云者，即使他人为己致力之谓也。审如是则所谓战费，即是役使国民劳力之别名。今日英国每日约费五六千万元之战费，即不啻每日役使与此金额相当之劳力。质而言之，英政府日日由国民征取物资及劳役，其代价适等于五六千万元耳。物资及劳役之代价，因市面之申缩为推移，其数量不能恒等。故欲识一国实际上之多寡（Ultimate cost of war），不得不研究其实际上所支配之物资及劳役之多寡。盖金额之多寡，为一种内容不定之形式，而非战费之本质也。是故战费问题，一转而为物资及劳役获得之问题。能获物资及劳役，虽无金钱，犹可一战。仰给军需品于他国是也。反是，金钱虽丰，而物资与劳役不可骤获，则虽欲战而不能矣。今英国政府日费战费五六千万元，其所获之物资及劳役，果从何来乎？盖其途有二。第一仰给于英国国民。第二求自外国。英国国民欲应政府之要求，供给物资及劳役必须于自费之外尚有余剩之时，方属可能当此之时。征税及募债皆足以增物资及劳役之余剩。盖不但征税则国民知所撙节。不复为过度之消费，而募债亦足使国民之余剩日多也。何以言之？凡国民应募之时，其款项之出处，亦不外乎二：第一国民厉行节俭。移其自己消费之资力，以融通于政府以供战费。有益于政府之战事经营，而无损于自己之生活。法良意美，莫善乎此矣。

国民筹集应募资金之第二次，为有价证券之售卖。此法对于战争之利弊若何，视买受人之国籍若何而决。买受人为外国人则利，为本国人则不利也。譬如今有一英国人因欲应英政府公债之募集，售其所持之有价证券于他一英国人。当此之时，售者仅将其所持之物资及劳役支配权供诸政府而已。英国全体之物资及劳役固未增加也。故英国之战争能力，亦不因是而有所增。更由买受者一方察之。若不购此等有价证券则其资金或可用诸他途，如振兴实业等，于以增进物资，奖励劳役。今徒以购买此等有价证券之故，而物资及劳役，遂无增益之望。故于英国战争之能力，不为无益，而反有损也。

反是若买受人为外国人，或居住于外国之本国人，则其趣大异。譬如今有美国人或居住于美国之英国人买受英国人所售之有价证券，当此之时，购者让其在美国之物质及劳役支配权于售者，复以其所获之支配权，由公债应募之法，而供诸英国政府。故英国之交战能力，不期而自增。盖英国全体，可因此等证券卖买之作用，以无益于交战能力之固定物，而换得最有效用之物资及劳役也。故此种有价证券转卖之有益于英国，可不烦言而自明。

由是观之，交战国政府所需军资之源泉，三而已矣。（一）为国民战时对于物资及劳役之消费节约。（二）为战前节约储蓄所得之结果即固定资本之外售。（三）为国民将来之豫想储蓄。即无抵当之中立国借款是也。第一及第二之理易明。第三尚不能不少加说明。将来之豫想储蓄，何以能充战费乎？要不外乎外国借款，普通借款皆有抵当。有抵当之借款，属于上述战费来源之第二类。分而析之。本为国人过去储蓄与外国人现在储蓄之交换。惟无抵当之借款始属于第三类，其本质为本国人将来储蓄与外国人现存储蓄之交换。盖当此之时，借款国固豫料其国民有储蓄能力，而始敢借款。贷款国亦必豫料借款国民有储蓄能力而始肯贷款也。

美国之出征军人私债展期法案[①]

陈启修　译

一、本法案之意义

　　私债展期（Norataricem）者，国家为欲达某种目的，特令停止私法上之効力，使债权不得进行，债务可以迟履之谓也。内分二种。一为一般私债展期法。其目的在救国家经济上之危机。其范围及于社会各阶级之全体。当欧洲大战初开时，英法二国政府当公布此种法规而实行之。二为特别私债展期法。其目的在优遇社会上之特殊勤劳者，其范围仅限于服此种特殊勤劳之阶级。如美国去冬提出于临时国会之出征军人私债展期法案，即属于此。此法案专以保护出征军人军属及其家族之私权为目的。与出征军人恩给法、出征军人免税法、出征军人保险法等，俱为美国实行征兵制以来新立之法，而以优待军人防止征兵之回避为眼目者也。

---

　　① 编者按：《美国之出征军人私债展期法案》，陈启修译，选自内务部编译处编译、吴贯因校阅：《欧战期间杂纪 经济纪》，北京：内务部编译处，1919 年 6 月，第 187～193 页。

二、本法之先例

出征军人私债展期案提出国会以后，营保险业者及营不动产业者，颇有异议。顾全国一般舆论，则以此案为保护出征军人之妙策，此种正当施设，为不可一日。缓故其必见施行，已无可疑。且类似此种法案之先例。当一八六四年南北战争之时及近年亦尝有之，在美国不可谓为新异也。

一八六四年六月十一日众合国法制第十三卷第十三章之法文如左（下）。

在此次内乱继续之间，左（下）记诉讼。因内乱之结果，不能执法律上之行动者，凡其所经过障害之日数不算入时效期间之中。

（一）因对于合众国之法律执行。曾有反抗之行动（例如加入南军）或因法庭闭锁不能开始民事或刑事之诉讼程序时，或因同上之理由，不能逮捕违法者时。

（二）民事或刑事之诉讼程序虽经开始而不能进行诉讼时。

此外一九〇九年米西甘洲之立法，一九一八年卧伦贡洲之出征军人私债展期法，及爱卧亚洲之立法等虽内容各异，其目的则一。而此次提出临时国会之法案，实足集从来立法之大成最为周备。

三、本法案之内容

此次之出征军人私债展期法称为陆海军人之私权法（Soldiers and Sailors Oivie Bigh Bill）[①]。其内容可约为八项：

（一）陆海军人之出征中若不履行其债务，债务人对之不得请求缺席裁判之判决。

（二）即令在出征前曾有前托之判决，债权人亦不得行出征陆海军人之家屋及其他财产之押收。

（三）出征之中陆海军人得停止对于其所有债权之诉讼之时效之进行。

（四）房主或地主不得因出征军人家旋之不付房租或土地赁租，而请求其退出房屋或土地。

（五）凡军人军属等由逐月或逐年支付契条而得之家屋，不得对之执行担保权。以收回其家屋。

（六）对于海陆军人营业上所占有之商品不得执行抵当权，以取得其商品。

（七）保护出征军人在美国法律下所有优先采掘权及灌溉权。对于此等权利之呈请时，免除其年年历纳之费用，且不使他人更得优先之权。

（八）保险会社不得以出征军人之不支付保险金为理由而请求

---

① Oivie Bigh Bill，原文模糊。——编者

取销保险契约。

（九）不得因出征，军人不纳租税而公卖其财产。

三、本法案之批评

政治家及经世家，多赞成本法案之成立。而从事于海陆军政者，说之尤力。谓出征军人为国宣力，国家不惟于理当保护之，且即为军事能率计，亦当使军人军属无后顾之忧，不为家庭生计之念所拘累，法律关系所压迫，然后能一心奉公，勇往直前。否则无论金额之多寡，苟有债务，必致精神上之压迫，苟有债权，常不免丧失之悬念，非所以达出征之目的也。故出征军人私债展期法案，实为保护军人，增加战斗能率之最要策也。反对此法案者，颇有异说。第一，从事实上立论，认定此法为不必要者。谓美国国民之爱国心甚强、社会友爱之念甚笃，债权人对于出征军人及其家族，富有同情，必务取宽大之处置，而不待法律之强制。且国家当尊重契约之自由当行平等之保护，故不能因债务人出征之故，而置债权人于不顾。债权人优待出征债务人与否，乃债权人之爱国心及良心之问题，而非法律之问题。此事而有待于法律之强制，是美国人爱国心已不可恃，建国之精神泯矣。然事实尚不至是。世皆知自由公债不能不待国民之应募，而未尝有主张强制应募者，盖以美国人之爱国心俨然尚在耳。依同一理由可知此私债展期案之无意味云。

第二，营不动产业者，谓对于出征军人及其家族，国家纵有保护之要，然其保护之程度，决未至如此法案所主张之切迫。反是若此法一旦实施，则营不动产业者反有沦于危亡之虞。盖此等人所有之不动产，大抵为抵当物件，全赖租入人之房租或土地赁租，以为消却债务之用，今苟如本法案所企画，债权人对于出征之租入人，既不能主其债权，又不能请求其退出原房或原地，则是其结果，营不动产业者必因不能履行其债务，而致其担保不动产之押收而濒于破产也。

第三，代表用逐年或逐月支付法之商人者，亦反对此法案。谓信用制度为近世商业之生命，而抵当权又为现代信用制度之基础。所以然者，要不外乎抵当物件之能速归于债权人之手，以代债务之履行而已。此基础若有动摇，信用制度立见颓废，各种事业之振兴，将不可期。盖旷观社会现象，凡经营农工商业者，莫不希冀，自有土地自设工场及事务所，自建店铺，以遂其利已之恒情，而图费用之节省。然经营事业者，不必皆有自建自设自有之财力也。应其需而济其乏者，厥为逐年或逐月支付之法。今世各种事业之易于兴办，端赖乎此。以此法营业者之功续之大，不亚于军人。故国家对于此种用逐年或逐月支付法人商人，纵不能持加保护，亦宜任其自然，今奈何又从而腌削之哉。

第四，营保险业者反对亦力。其言曰，保险公司之事业，全赖损益相捕，出入相剂，以为周转。又被保险者之多数，皆为二十岁至四十岁之男子，今若施行第八项之规定，出征之被保险人虽怠于其债务之履行，其保险契约亦依然有效，则美国保险公司，势将尽行倒闭。何也，出征军人负伤或死亡之时，保险公司不得不为契约上之赔偿，而出征军人应出之保险费，则可任意不交。是出征军人专享权利，而不尽义务，保险公司徒有义务，而不能行使其债权。

夫世岂有徒负义务之营业而能不破产者？似此保护一方，而致他方于危，已可谓失法之平。况保险公司之被保险者，非尽属军人。若因优待军人之故，以陷保险公司于倒闭之境，而累及于无罪无辜之他人使受不测之损失，是不啻以法律之力，夺善良人之财产以与出征军人也，其不当也明矣。

以上赞否各论，互有短长，而皆不免失之于偏。出征军人为国损躯，诚不能不特别优待之，然若因此而危及他之同胞，则为损彼益此之策，殊非公民国家之所宜出。反是若遽谓出征军人，当纯以爱国之心，为国牺牲，则民皆贪生。人孰无累？既夺其性命，复苦其家族，不但非致胜之道，抑且有悖乎人情也。是故执中之道，贵能体公民国家之精神，明非战不立之大义。制定相当法律以为激发仁爱之导，不薄待后方之居者，亦不过重出征之军人，则庶几两全之道，而个人与国家并受其福欤。审如是美国出征军人私债展期法案，诚不失为国策之一，特其内容尚有失于过激之嫌耳。

战时英法二国之重要食料品管理[①]

陈启修　译

　　英国重要食料品之管理，自一九一七年以来渐带组织的性质，规模渐大。其主要者为定量支给制度之设定，食料品分配之管理，食料品节约运动，及零卖并趸卖价格之公定等。

　　一九一七年二月以节省食料品之目的，设面包肉类及砂糖等之定量支给制度。同年四月，发食料品或贮藏令（food holding order），对于以利己有目的，占买食料品或贮藏之人加以重罚金之刑。同年八月，置关于食料问题之地方委员。同年九月任命牙卜亚撒氏为食料经济委员长（Dicector of food Cronomg），使研究战时及战后食料减少问题，考究食料之世界的减少之原因，筹画解决之策。同年十二月使龙达乡组织消费者协议会。（Consumer's Councill）以劳动团体及妇人团体之代表者为会员。直隶于食料大臣（Ministny of food）使应食料大臣之咨询保护消费人之利益。一九一八年二月，施行食料品浪费监察令（Waste of foodst ulfoncer）[②]不论何人，亦不论其出于故意，或出于过失，苟将可供人类食料之

---

　　① 编者按：《战时英法二国之重要食料品管理》，陈启修译，选自内务部编译处编译、吴贯因校阅：《欧战期间杂纪　经济纪》，北京：内务部编译处，1919 年 6 月，第 195～198 页。文末注明未完，但未见续译。
　　② foodst ulfoncer，原文如此。——编者

物，抛弃之灭失之，使之腐败，或浪费之者，皆当视作犯罪行为，而处以刑罚。

以上诸大端之外，或搜集关于食料之生产，供给及分配状况之精确的报告，以达节省食料之目的，或置特别调查委员于各地方，达搜集报告之目的。或使各地方之教育机关，开食料品之展览会。或使担任家事经济之教员，讲演食料之调理，生产保存法及废物利用之法，以谋食料智识之普及。官民上下，倾注全力于食料品问题，研究其组织的解决之方法。诚以足食为足兵之前提，不容轻视也。

据一九一七年九月龙达卿所公表自同月起一年之间，谷类，豚肉，砂糖，肉类等，应由英国及加拿大购入之总量至少亦当在一千万吨以上。以货币价格换算之，每日当达三四百万圆美金。其他交战各国所应购入之量，亦复不少。欲免因各国竞买而使价格腾涨之弊，特于联合国间，组织一战时购买会（An international Counci on war purchase and fcuance①），使协定关于英、法、意、诸国食料品需要额，吨数及付款方法等事项。盖主要主要②品，十之六七皆由美洲大陆输入，若不设此种组织的中央机关，则关于价格之统一，及分配之多寡等，万难期公平也。

欲调整食料品之价格使其不至暴腾，实以管理其供给为要著。故行左（下）述之管理。

---

① fcuance，原文模糊难辨。——编者。
② 主要，原文如此，似应为"食料"。——编者

（第一）　肉类

因欲限定肉类趸卖之最高价格，特行家畜之管理。分全国为十九区各区各设家畜委员（Liuestock Commiosnser）一人。使其调查该管区肉牛羊豚等之个数并监督此等畜类之买卖及屠宰。盖英国在战争以前，所需肉类十中之四，系由植民地及外国市场输入者。及开战后，军队所需，倍逾寻常。由国外输入之肉类，皆以供给军队。国内之肉类价格，因之渐高。故政府不能不加以管理，以调剂供求之关系也。

（第二）　马铃薯

一九一七年，发布马铃薯条例。自同年九月十五日以后，对于马铃薯之生产人，由政府保证其每吨卖价最低不下六磅，并限制其最高价格，不得过六磅十先令以上，以示趸卖及零卖价格定之标准。又规定同年十月以后，趸卖商人之利益，每吨不得过七先零六片士，又小卖商人，每马铃薯一磅，须以一片尼四分之一以下之价格卖之，以限制价格之暴腾。

（第三）　面包及面包粉

面包于制造后，不经过十二时间，则不得发卖。面包之制造，不得纯用小麦粉须掺以若干之薯粉。又由外国输入之小麦粉，非与英国国内所产小麦粉混合之后，不得零卖。其混合之比例，输入小麦粉，至多不得过二成五分云。

（第四）　砂糖

非在一九一七年十月一日以后，曾经政府之特许为砂糖零卖商者，不得贩卖砂糖。砂糖商须常将存货之多寡，报告政府。砂糖购买，须于一定日期行之。每人每礼拜之砂糖支给量，定为半磅。

（第五）　牛乳

邅卖商及每日贩卖一斗以上之零卖商，须行登记，受政府之许可，并须保存其贩卖量之记录。乳脂除食料管理委员所定之目的以外，不得使用或贩卖之。凡牛乳，牛乳粉，炼牛乳，及乾牛乳，皆绝对不得用以制造干湿果点。（未完）

法国第三回军事公债[①]

陈启修　译

　　法国曾于一九一五，一一，二十五日发行一回军事公债。发行额无限制，发行价格为百分之八十八（但即纳时为百分之八七四分之一，利率五分，偿还期无期限）、（但一九三一，一，一日以后得随时偿还）。特典免税，实际赢利为五分六厘八毛，其应募总额数为百四十二亿三千法郎。

　　又于一九一六，一〇，五日发行第二回军事公债，发行额无制限。发行价格为八八，四分之三（但即纳时为八七，二分之一，利率五分，无偿还期限。）（但一九三一，一，一日以后得随时偿还）。有免税之特典。实际赢利为五分七厘，其应募总额为百十三亿六千法郎。

　　兹又于十一月三日发表募集。第三回军事公债之发行条件如左（下）：

　　（一）利率年四分。发行价格为六八、六〇法郎。实际赢利为五分八厘三毛，虽尝有五分利案，增成附加案，及六分利案等之提议，俱因不适于目前之事情，未能通过。遂定为四分利而低其发行

　　① 编者按：《法国第三回军事公债》，陈启修译，选自内务部编译处编译、吴贯因校阅《欧战期间杂纪　财政纪》，北京：内务部编译处，1919 年，第 17~19 页。

价格。

（二）发行总额为百亿万法郎。所以定发行总额者，盖欲因以示国民之信念之不见疑于政府也。

（三）免除一切租税。

（四）不偿还之期间为二十五年。

（五）付利期日为三月，六月，九月，及十二月各月之十六日。

（六）应募期间由十一月二十六日至十二月十六日。

（七）国防债券及三分债券，得充本债之应募。

（八）支纳得分为四回。

（九）新公债发行之目的，在偿还流动债务之现额，二百二十亿及法兰西银行借款之一部，且欲以充战费之筹措。

（十）为偿还新公债故，设公债买收基金。以每月六千万法郎之比例加入之用。此基金以在发行价格以下之价格，由市场买收公债，但月收之基金，若有三亿六千万法郎之剩余金则停止加入。此种买收，亦适用于一九一六年，发行之五分利公债。而此种买收之财源，则当于一九一八年度预算议定之际，提出增税案云。

各国之战时利得税制[①]

经济资料第三卷第十一号

陈启修　译

第一章　战时利得税问题梗概

第一节　序说

　　欧战之勃发也，其影响所及，极广且大。经济界之一部至因之获不测之利得。于是欧洲诸国，一欲以应战时财政之要求，一欲平衡国民负担之不均，乃发见战时利得税之新税源焉。

　　初，因战争而获巨利者，为军需品及其他材料物资之制造业者及其输出业者。故一九一五年三月，丹墨瑞典二国，已倡对于此等营业者，赋课新税之说。此新说系课于对德国输出军需品食料品及其他物品而获利之人。故有 Gulasah（德国食品税）之称。英国亦因海运业异常隆盛，惹起一般之注意。即在德国，对于军需品制造

　　① 编者按：《各国之战时利得税制》，经济资料第三卷第十一号，陈启修译，选自内务部编译处编译、吴贯因校阅：《欧战期间杂纪 财政纪》，北京：内务部编译处，1919 年，第 29～57 页。

业者特别课税之议，亦尝为议会之问题。其后布列门自由市，黑森国议会，撒克逊议会等，亦有此议。其他诸国，亦逐渐注意及此。

至一九一五年五月十日，丹墨之新税案通过议会，成为法律。瑞典亦以六月之法律采用新税案。厥后意、德、奥、俄、加那大、荷、法、西、新西兰、瑞士、美、等政府之袭其例者，踵相接也。

第二节　战时利得税之意义

战时利得税云者，课于战时利得之课也。然则所谓战时利得者，何也？欲明说而确定之，颇非易易。若作抽象之说明，则战时利得云者。不外乎战争间或因战争故特别发生之超过利得而已，税本施行上，欲作具体之决定，常感无数之困难。动辄有陷于不公平之虞。此亦不可不知者也。

第三节　战前之标准利得

欲知战时超过利得，不可不先知战前即平时有几何之所得。故常例因此必定一战前标准利得，凡超过于此之利得，即认为战时利得而以之为课税目的。战前标准利得之定法，各国不同。

第四节　战时利得税之主体

战时利得税之主体，为一切获得战时利得之人，不问其为个人或法人也。故依时局之影响，以运价船租等之腾贵为奇货而获巨利之海运业，不待论矣。即受多额之定购，多售获利。或依价格之腾贵而收益之制造家商人等，亦当负担之。不问其所处理之物件之为军需品与食料品消耗品或工业品也。但亦有限定纳税人之范围，单课于军需品制造业者之国，如美国其例也。

第五节　战时利得之范围

战时利得之客体，为战时利得。其范围如何之问题当有种种论。由纯理言之，当仅课税于为战争。故或由战争之结果，而生之超过利得。故有定为苟其利得之不由于战争。能明瞭时，即无须纳付本税者。又有定为凡系战争中所生之超过利得，皆推定为战时利得。但得举反证以破之者，或有定为以因战争所赍情态之结果而来之利得为课税目的者。然战争与因战争而生之利得之间之因果关系，实难明白计定，故实际上多由课税便宜上，解为广义。凡战时中所生之超过利得，皆以充课税之目的。

然则其利得竟无性质上之限制乎？依得利之性质。未尝无以不课税为稳当者。例如劳动所得是也。自由职业所得亦准是。

第六节　战时利得税之理由或根据

本税赋课之理由或根据，在欧洲诸国，其主要者，不外乎三。（一）战时财政之目的。（二）道义上之观念。（三）因时局之影响而大生富之不平均。故调节之，以图轻减小所得人之负担。

第七节　课税方法

观诸国之实例，其课税之方法不一。有全不顾战时超过利得与他要素之关系，单以超过利得为一个课税之单位者。有视超过利得与他要素之关系如何而定税率者。前一法复分为二：一，一率课比例税于超过额。二，设绝对的阶级于超过额，而课以累进税。其后一法复分为三：一，以超过额与标准利得对比，其超过额之相对数愈增，则愈重其税率。二，从其对于事业资本之关系观之，视其总利得对于资本之比例而轻重其税率。三，视其超过利得对于资本之比例而高下其负担，以赋课之。凡此三法皆为累进税课。今将此等课税法，分类如左（下）：

（一）视总利得对于资本之比例如何而课超过利得之累进税之方法。

例　俄、丹（对于社会）、意（对于直接利得）、西等。如西班牙虽超过标准利得而对于资本未越二成之利得部分，课二成五之税，回二成以上至三成五以下者三成，同三成五以上至五成以下者三成五，同超过五成者四成。

（二）视超过利得对于资本之比例如何而课累进税之方法。

例　美国新税制。奥国（对于会社），第二章第七节奥国实例参照。

（三）视超过利得对于标准利得之比例如何而课累进税之方法。

例　意大利（对于间接利得），第二章第三节意大利实例参照。

（四）不问其他之标准如何，专视超过利得之大小而课累进税之方法。

例 瑞典、丹墨（对于个人）、奥国（对于个人），第二章实例参观。

（五）不问其他标准如何，对于超过利得课比例税之方法。

例 英、丹墨（对于新会社）、美、加、瑞士、荷、新西兰、澳洲等。如加那大及瑞士课二成五，荷兰三成，英国八成。

以上五种课税法中，诸国最多采用者为第五法。然有不采其一，而兼其数种者，如德国是也。

第二章 战时利得税实例

第一节 英吉利

（一） 本税创设并效力发生之时期 依一九一五年十二月二十三日之财政法而有本税之创设，然本法有溯及之效力，适用于一九一四年八月四日以后之战时超过利得。

（二） 战前之标准利得 由战争前之三营业年度中任纳税者逊其二，以其二年之平均利得，为战争标准利得。但得不以为标准，而代之以七分（对于个人）或六分（对于社会）之确定利益率。

（三） 纳税义务人

甲 在英国本国内经营商业或事业者。

乙　住于英国本国内，在英国本国外经营或所有商业及事业者，但此项有二三之除外，例如左（下）：

天　在英国本国内营农业者

地　从事于职务或雇佣者

玄　营不须支出资本或虽支出而为额较少之自由职业者。

（四）　课税目的　上揭纳税义务人所收得之利得。若超过战前标准利得，则其超过利得，皆为课税目的。但未满二百磅之超过利得，免税。

（五）　课税方法及税率　对于超过利得，课比例税。

税率第一年依一九一五，一二，一三日之财政法。定为课对于超过利得之五成税至第二年度，更以一九一六，七，一九日之财政法，改为六成，至本年更增为八成。

（六）　收入额　木税收入。于一九一六年预算为八千六百万磅。同实收额为一亿三千九百万磅。一九一七年度，因税率之增加，有收入二千万磅之望。

第二节　法兰西

（一）　本税之创设并效力发生之时期

法国以一九一六、七、二日之法律。设定本税但其效力溯及一九一四、八、一日之效力。

（二）　战前之标准利得

以一九一四、八、一日前三年间所收得之纯益平均额，为战前之标准利得。但营业期间未满战前三个年，则以其平均利益为标准利得。

　　在法国亦规定一定之利益率之逊择，以对于在标准年中仅有低利益之营业者，其选择利益率为六分。

　　（三）　纳税义务人

　　甲　对于政府或行政官厅。直接或经承领人间接为纳入物品故缔结契约而被营业税者，但卖收获与政府之农业者不在此限。

　　乙　以同上之目的为一时的或职业外之商行为者。

　　丙　不问营业税赋课之有无。对于与政府或行政官厅之契约缔结，收受谢礼，酬劳手数料等而供金钱上之协力或执介绍之劳者。

　　丁　凡纳营业税之个人及会社之收得超过通常利益之利益者。

　　戊　纳一八一〇、四、二一日法律三三号所规定之累进矿业税之企业人。

　　（四）　课税目的

　　上揭纳税人所收得之特别利益，若超过战前标准利得，则课税于其全超过额。但须由特别利益，扣除左列金额。

　　天　有法定准备金及普通建筑物及材料销却金之规定时所必须支出之金额。

　　地　为充修补因普通劳动时间延长所生之材料之特别破损，或充设立因纳军用品所生特别设备故，所须之特别积存金。

　　玄　与于被侵略或其他被害地方经营之企业所使用资本之六分利相当之利息，及与该企业之普通销却额之金额。

　　纳税义务人之项目中丁戊二种纳税人所收得之特别利益未满五千法郎者，不课税。

　　（五）　课税方法及税率

　　最初之案，定为应超过利得之大小课累进税，即一万法郎以下课五分，一万至五万课一成，五十万以上课三成。然厥后通过预算委员会时，改为不惟与超过利得之大小相应，且视其对于标准利得之比例，而课累进税。即超过利得若在标准利得之五分之一以下课五分，其五分之一之部分课一成。如是，至五分之四以上之部分，课二成五。然至确定为法律时则定为不问此等状况。凡五十万法郎以上之超过部分，皆课五成。但今日则增为六成。

（六）　收入额

依一九一六年度豫算。本税收入额为二十二亿六千二百万法郎。

第三节　意大利

（一）　本税之创设及效力发生之时期

本税依一九一五、一、一日之法律创设之。但其效力溯及于一九一四、八、一日，与法国同。

（二）　战前之标准利得

以一九一三至一九一四年之平均利益为战前标准利得。又定战前标准利益率为八分。

（三）　纳税义务人

甲　营商工业者。　乙　营中人业者。

（四）　课税目的

对于战时中所收得之超过利益额，课以本税但二千五百利拉未满之超过利益。不课税。

（五）　课税方法及税率。

甲　营商工业者之利益（直接战时利得），视总利得对于资本之比例如何，而课累进税。于超过利得，对于一九一四八月至一九一五一二月之战时利得，其利益在八分以上一成以下者，课一成二分。同一成以上一成五分以下者，课一成八分。同一成五分以上二成以下者，课二成四分。同二成以上者，课三成五分。惟对于一九一六一月至一九一八六月之战时利得则改为课如下之税率。即利益率在八分以上一成，以下者二成。同一成以上一成五分以下者三成。同一成五分以上二成以下者四成。同二成以上者六成。

乙　营中人业者之利益（间接战时利得）。视超过利得对于标准利得之比例如何，而课累进税。其税率如下。对于超过利得之利率有一成至五成者课五分。五成至十成者一成。十成至二十成者一成五分。二十成至三十成者二成。三十成以上者三成。但此税率，最近已改为加倍。

（六）　收入额

一九一六年度之收入额可望达五千四百万利拉云。

第四节　俄罗斯

（一）　本税之创设及效力发生之时期

俄国以一九一六，五，一三日之法律，采用本税。其效力由一九一六年起，与他国之溯及于战争开始时者不同。

（二）　战前之标准利得

以一九一三及一九一四年度之平均利益为标准利得，而别定选择利益率为八分。

（三）　纳税义务人

甲　凡有公告营业报告之义务，且依直接税法之规定，而被课以比例税，及附加营业税之事业经营人及合同经营人。

乙　无公告营业报告之义务之事业经营人（但除次项之供给业）及个人营业人而被课比例税者。

丙　有特别营业许准证，以依投标或契约之方法，供给军需品，家具及其他物件为目的之事业经营人。

丁　依股东之选举或雇佣契约而来之股分公司董事会会员，监事，检查人，经理人，协理人，代理人等。

（四）　课税目的

甲　一九一六及一九一七年度之利益金，对于可视为资本金之出资额，超过百分之八且超过战前标准利得之额。

乙　一九一六及一九一七年度之利益金在二千卢布以上且超过战前标准利得至五百卢布以上之额。

丙　在一九一五及一九一六年度由同一人所行之全事业而生，并被课比例税之利益金，在二千卢布以上，且超过一九一二及一九一三年之课税利益金平均额至五百卢布以上之额。

丁　一九一五及一九一六年度之俸给，或其他报酬之应课职业税者，超过一九一二及一九一三年度所受俸给，或其他报酬之平均金额至五百卢布以上之额。

故总利益二千卢布及超过利得五百卢布以下者皆不课本税。

（五）　课税方法及税率

视总利得对于资本之比例如何，而课超过利得以累进税。于确定超过利得之前，先扣除其他诸税。后视其对于次本之利得如何。

若与八或九分利相当，则对于超过利得，课二成税。九分至一成者课二成一分税，一成至一成一分者课二成二分。如是累进。二成以上者乃课四成也。

以上系指课税目的甲项而言。乙及丙项则课超过利益之二成。丁项则课超过额之二成。

（六）　收入额

一九一七年之预算，为五千五百万卢布。

第五节　美国

（一）　本税之创设及效力发生之时期

美国依一九一六，九，八日之法律。采用本税而以一九一六年为适用本法之第一年，与俄国同。

（二）　战前之标准利得

以战前三年间之营业所得之平均额为战前标准利得。

（三）　纳税义务人

纳税义务人之范围，限于营军需品制造业之人。税法指定其种类如下（下）。

甲　火药及其他爆发药（但工业用之爆药不在此限）。

乙　弹药、雷管、导火管（但工业用者不在此限）。

丙　弹丸、炮弹、水雷、地雷等。

丁　刺刀、枪炮。

戊　电气动力船潜水艇等。

己　甲至乙之部分品。

（四）　课税目的

以营军需品制造业者之纯收益之超过额为课税目的。所谓纯收益者，即由总收益扣除左列各费之余额也。

甲　制造用原科品之价额。

乙　借地料、缮修金、保险金、给金等。

丙　事业所需借款之利息。

丁　课于事业及其财产之诸税。

戊　营业之损失及不能依保险或其他方法赔补之水灾。洪水及其他由不可抗力而来之损失。

己　建筑物并机械之销却金。

（五）　课税方法并税率

从来采用对于超过利得课比例税之方法。其税率为一成二分五厘。至今年十月三日可决战时特别法案修正之。

据闻此法采用视超过利得对于投下资本之比例如何，而课累进税之法。即由一年度之纯营利所得扣除一定之标准额，以其余额为战时利得。对于其利得中未超过该年度投下资本之一成五分之部分，课二成税。渐次累进。对于超过投下资本之三十五成之部分部课六成税。但其当扣除之标准额如左。

天　以与战前三年间之纯所得平均额。对于其投下资本平均额之比例相等。之比例乘于该年度投下资本之额。但右扣除额之范围，有一定之累限。对于该年度之实际投下资本，不准超过年九分或少于年七分。

地　在个人为六千美金，在法人为三千美金。然对于由事实上投下资本无系之业务（无投下资本或仅有名义上之资本之业务，中舍自由职业）而生之所得，惟在其超过六千美金之时，始课八分之比例，税于其超过部分（但官吏之俸给不在此限）。

（六）　收入额

本税预定总额有十亿美金之望云。

第六节　德国

（一）　本税之创设及效力发生之时期

德国依一九一六、六、五日之法律，制定本税。但须适用于一九一四八月以后之超过利得。

（二）　战前之标准利得

由战前五年中除去最佳及最恶之年以其余三年之平均利得，为标准利得，但得代以一定之选择利益率。其率最为初五分，今改为六分。

（三）　纳税义务人

甲　个人

（天）德帝国臣民。但除去在德联邦内无有住所，且二年以上继续住居外国之人。此例外除名誉领事外，不适用于有职务上之住所，与外国之帝国及联邦之官吏。

（地）有住所或继续有居所于德帝国内之外国人

乙　法人

（天）股分公司。

（地）股分合资公司。

（玄）有法人资格之矿山，劳动组合，及其他之矿业组合。

（黄）有限责任公司。

（宇）登录组合。

（宙）外国公司。

（四）　课税目的

最初当本税制制定之际，曾有提案谓当仅课税于可视作战争结果之超过利得，后以观实行之故，弃之，而采广义之解释。以战时之超过利益，为课税目的。即在个人以对于开战前财产之财产超过额在法人以对于开战前利益之利益超过额，为课税目的。然个人财产之未超过二万万马克者不课税。

（五）　课税方法及课税

税率如左（下）。

（甲）　个人　财产超过超额税率如左（下）。

金额一万马克以下	同上以上	二万以下	三万以下	五万以上	十万以上	二十万以下	三十万以下	四十万以下	五十万以下
税率 5%	10%	15%	20%	25%	30%	35%	40%	45%	50%

（乙）　法人（内国）

（天）　战时特别利益。对于已纳资本，及最初战时营业年度之始，所发表之实际积存金之和之超过比例率及对于超过利益金之税率如左（下）。

超过利益税	2%以下	2%—5%	5%—0%	10%—5%	15%以上
对于超过利金之税率	10%	15%	20%	25%	30%

（地）　对于前项课税增课如左（下）。

战时各营业年度之平均。营业利益超过于已纳。资本及最初战时营业年度之始所发表之实际。积存金之和愈大则税率愈增。

超过率	8%—10%	10%—15%	15%—20%	20%—25%	25%以上
对于平均营业利益之税率	10%	20%	30%	40%	50%

（丙）　外国公司

超过利益之年，平均额在二万马克以下者，课超过利益之一成，以上累进至五十万马克以上课四成五分。

（六）　收入额

不明。

第七节　奥国

（一）　本税创设及效力

发生之时期，以一九一六、四、一二日之法律。制定本税而溯及其效力，于一九一四、九、一日。

（二）　战前之标准利得

与德国同。

（三）　纳税义务人

亦包含个人及法人，与德制类似。

（四）　课税目的

以超过战前标准利得之额为战时利得，而以之为课税目的。

（五）　课税方法及税率

（甲）　个人　视超过利得之大小，而课累进税。即超过利得未满一千克者五分。一千克以上至二千克者一成。各增一千克，亦增五分之税率。至三成始缓和累和之程度，最高达于四成五分。

（乙）　内国公司　视超过利得对于资本之比例，而课累进税。其比例在五分以下者，课一成税。五分至一成者，课一成五分。以上利得之比例，每增五分，税率亦增五分。至三成以上则课三成五分。

（丙）　外国公司　与个人同。视超过利得之大小，而课累进税。即超过利得未满二万克者二成。同二万至四万者二成五分。四万至十万者三成。累进至十万以上课四成。

（六）　收入额

不明。

第八节　丹墨

（一）　本税创设及效力发生之时期

丹墨于一九一五，五月制定本税。适用于其日期后所发生之超过利得。

（二）　战前之标准利得

以一九一二，一九一三，一九一四年三年间利得之平均，为战前标准。利得但得代以五分之选择利益率。

（三）　纳税人

甲　居住于丹墨国内。在一九一五及一九一六年度，关于八千克以上之课税所得额，曾受所得额之赋课者。

乙　股分公司及股分合资公司。

（四）　课税目的

个人之一九一五及一九一六年及之各所得额超过一九一二至一九一四年度之平均所得额时，及公司之课税所得额，在已交资本之百分之五以上，且其对于股分资本之比例超过一九一二至一九一四年度之平均比例时，即推定其超过之部分为依战争而得者，而以之为课税目的。但一九一五及一九一六年度之课税所得额在八千克以下时，不课税。

（五）　课税方法及税率

（甲）　个人所得　视超过利得之大小而课累进税。即对于八千克以上之所得，课一成税于其超过标准利得之额。由形式上观之，虽为比例，税然因其对于超过所得规定一定之扣除额，其扣除额又随所得之增大而遽灭之。故实际上仍为累进税也。

超过所得额	八千克以下	八千一一五千克	一万五千一二万克	二万一五万克	五万一七万五千克	七万五千一十万克	十万克以上
扣除额	七千克	六千克	五千克	四千克	三千克	二千克	一千克

（乙）　法人所得　视总利得对于资本之比例而课超过利得以累进税。其税率如左（下）：

对于股分资本之比例	8%以下	8%—10%	10%—15%	15%—20%	2%以上
对于超过利得之税率	8%	10%	12%	25%	20%

对于一九一四八、一日以后创立之公司，其所得达于已交资本百分之五以上者，课一成税于其超过额。

（六）　收入额

一九一五年度实收额为六千五百克。

第九节　瑞典

（一）　本税之创设及效力发生之时期

以一九一五、六、一一日之法律创设本税，适用于其后之超过利得。

（二）　战前之标准利得

以一九一三及一九一四年度之平均所得额，为战前之标准利得。

（三）　纳税义务人

（甲）　个人

（乙）　法人（股分公司连带现责任之银行公司）

（四）　课税目的

个人之一九一五年度及一九一六年度之各所得额超过一九一三及一九一四年度之平均所得额时，及公司所得额在公司资本之百分五以上且超过一九一三及一九一四年度之所得比例之平均额时，即以其超过额为课税目的。纳税义务人若在该年度，纳有所得税及财产税时扣除其税额。扣除之后，其余额在一万克以下时，免课本税。

（五）　课率方法及税率

视超过利得之大小而课累进税，即超过利得。为一千克至四千九百克者，课一成二分。累进至三千万克以上课一成八分。其间共设二十三之阶级。

（六）　收入额

一九一六年预算九百万克

上谒诸国之外。挪威、加纳大、西班牙、瑞士、新西兰、澳洲等，皆采用战时利得税制。

第三章　日本与战时利得税

日本经济界亦受时局之影响，状况极佳。营商工业及海运业者，中幸获暴利者极多。故日本政府对于此等利得之人，亦认为当仿欧美诸国之实例，制战时利得税以赋课之。闻将于下次议会提出议案，求议会之协赞云。

然关于采用本税之可否，议论犹纷然不能一致。试述赞否两论之梗概于左（下）。

赞成论者所主张之要点有四。

（一）　营海运业及某种商工业者，受时局之影响，暴获巨利，盖属不可掩之事实。而其利得并非出于彼等劳身苦心之结果，而实拜战争之赐。故特使彼等负担赋税，亦主张正义公平者，之所认为当然也。况彼等之所得中出于多数人之牺牲綦多，尤为悖乎正义。故此种课税之收入，纵极微少，而其相伴而来之正义之价值，则重而且大是不可不深思之也。

（二）　小所得人受时局之影响，为种种之牺牲。而大所得人则反益跋扈，以致贫富愈不平均。故课税于大所得人以轻减牺牲者，即小所得人之负担，实为政者当然之任务也。

（三）　日本自欧战以来，三年间共需军事费二亿数千万元。然犹未至如欧洲交战诸国设定新税或依增税，及募集公债之方法而筹军事费者，盖因国库偶有剩余金耳。顾此剩余以得将罄尽，此后募债之举，愈切愈要而不可缓。加之扩张海军，增加经济的育的①施设。种种急务，不遑枚举。而财政亦因之愈益多端。当此之时，求新税源于战时超过利得，实财政上适当而且便宜之举也。

（四）　欧美诸国皆对于战时超过利得人课特别税，而日本独超然于局外，而默视获暴利者之跳梁，果何为而若是乎？

日本反对战时利得税制之设定者亦多，其主张亦有四要点。

（一）　凡租税者，须待财政上之需要而后设定。无目的之租税，不可不绝对排斥之。夫欧洲诸国之所以施行战时利得税者，特欲对于因时局影响而获巨利之人赋，课非常特别税，以充足战时财政上之需要耳。盖欧洲自军兴以来军事公债日募日多，直税间税，同时并增。诛求之苛，已达极度。一般人民，莫不苦于赋敛之繁重，而特殊营业人乃于此间反获暴利。故课以高率之税，以为军事费之资。盖理之当然而无足怪者也。然试一反观日本之状况，则毫无因战争而募债加税之事。是财政上之需要，固无有也。而近年财政现况，反有岁入超过之趋势。据大正五年度国库岁出入实计观之，岁入总计共八亿千余万元，超过同年预算二亿千余万元。岁出总计共五亿九千万余元，比其预算减少千余万元。合岁出入较之，

---

①　原文如此。——编者

岁入超过二亿二千余万元。内除本为五年度预定额而拨入翌年度者五千余万圆外，实超过一亿六千余万元。更由此中除去拨作大正六年度及以降年度用预定额七千余万元外，实得纯剩余金九千余万元。此即可视为七年度预算财原之岁计剩余金也。而六年度预算因国会解散不能成立，不得已而袭用五年度之预算。故本年度之岁出入实计，其状况必较去年更佳。政府于编成明年度预算时，必能推算巨额之自然，增收也明甚。故既有多额剩余金又有确实之自然增收。其他减债基金，亦可挪用。则即令为临时军费教育费之国库支付，雇员及下级官吏之增给增俸等事之故，岁出不能不稍夕增多。财政状态亦尚绰有余裕也。故实施战时利得税之财政上之根据，可谓薄弱已极。极言之，虽谓绝无可也。若不顾财政上之需要，而贸然行无谓之新税，徒助长政府滥费国库金之弊耳。果何益哉。

（二）　若施行本税以攫去超过利得之大部分，则经营人对于战后之处置必感困难。其结果不无使其事业不能存在之虞。日本各种公司，虽因时局之影响，呈盛大之状况，其实因多年间不健全之分红之故，隐然之伤痍甚大。今不过适得弥补之，以期整理内部而行改善之实而已。故日本之公司，本不可与欧美公司同日而语。战云一散，欲谋此等战时勃兴之公司之确能自立，不使其溃败世界的竞争场里已非易事，不能不有待于国家。今奈何欲摧残之耶？

（三）　战时利得之查定，极为困难。究难期负担之平均。而其收入又不能如世人所预期者之多额。

（四）　且不独其查定困难而已，即纳税人之决定，亦难免不均平之弊。观日本现状，获巨利者，多为营占卖、占卖①等业之人。而忠于事业之实业家，则反因工资原料之缺少或腾贵，而苦营业费之增加。今若以纳税主体决定不精之故，使前者安享厚利，而后者坐受痛苦②，则其失当，将孰甚焉？

① 原文如此，似应为"占买"。——编者
② 原文如此，似应为"坐受痛苦"。——编者

英国战时财政状态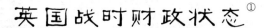①

财政经济时报十一月号，将载伦敦经济杂志

陈启修　译

自开战以来，至本年九月一日，共三十七个月间。英国财政状态如下。

支出总额，达五十三亿八千万余磅。其中十二亿九千万余磅，系由租税及其他经常收入支出。四十一亿余磅，系由公债及其他借款支出。故英国战费之财源，其二成四分出于租税及其他经常收入。其七成六分，出于公债及其他借款。与其他交战国之几以战费财源之全部，仰给于公债及借款者，不可同日而语也。财政年度别如左（下）。

	岁入		总支出	相抵 （一）不足 （＋）余
	经常收入	公债及借款		
一九一四八一一九一五三三一	一一七、七五九千磅	四〇四、九九二千磅	四九八、三六〇千磅	（＋）七八、三九一千磅
一九一五一六年度	三三六、七六七	一、一六四、五一六	一、五五九、一五八	（一）五七、八七六

---

　　① 编者按：《英国战时财政状态》，财政经济时报十一月号将载伦敦经济杂志，陈启修译，选自内务部编译处编译、吴贯因校阅：《欧战期间杂纪　财政纪》，北京：内务部编译处，1919 年，第 107~108 页。

	岁入		总支出	相抵（－）不足（＋）余
	经常收入	公债及借款		
一九一六－一五年度	五七三、四二八	一、六二五、五四六	二、一九八、一一三	八六一
现会计年度至九月一日	二一二、四三一	九〇九五〇七	一、一二六、四一二	（－）四、四七四
合计自一九一四、八、一至一九一七、九一	一、二九四、三八四	四、一〇四五六〇	五、三八二、〇四三	（＋）一六、九〇一

上计支出中，包合贷与联合国，及殖民地之金额。据一九一七七、二四日临时费支出要求案提出。时财政大臣所述，该项金额，实达十一亿七千百万磅云。其数如左（下）。

	殖民地	联合国	合计
自一九一四、八、一日至一九一六、三、卅一日	八八、〇〇〇、〇〇〇磅	二八八、〇〇〇、〇〇〇磅	三七六、〇〇〇、〇〇〇磅
一九一六－三年度	五四、〇〇〇、〇〇〇	五四〇、〇〇〇、〇〇〇	五九四、〇〇〇、〇〇〇
自一九一七、四、一日至同年七、二十一日	五、〇〇〇、〇〇〇	一九七、〇〇〇、〇〇〇	二〇一、〇〇〇、〇〇〇
合计自一九一四八一日至一九一七七廿一日	一四六、〇〇〇、〇〇〇	一、〇二五、〇〇〇、〇〇〇	一、一七一、〇〇〇、〇〇〇

此外一九一七八年度贷与联合国及殖民地之豫算额为四亿美金云。

美国战时财政经济之施设^①

陈启修　译

　　欲观察美国战时财政经济之施设，当识美国参战以后国民思想之变化。盖国家政策之施设，亦可谓为其国家国民思想之反映也。

　　美国国民，于一九一三年赞成民主党之政纲而选威尔逊氏为大总统。及美国参加欧战，世人颇疑此种政纲将有变化。果也。威尔逊二次被选为总统后，施设之激变，殊足令人惊异。兹为便于理解起见，先揭民主党一九一三年时之政纲左（下）。

　　一政体问题

　　排斥共和党之中央集权主义。万事皆欲以多数人民之权力行使，防止少数权力者之横暴。

　　二关税问题

　　排斥共知党所主张之高率关税。詈为增贫富之悬隔，加劳民之痛苦。而主张关税率当以国家所需经费为最大限度。凡与内地托辣司竞争之货物。及贱售于国外而贵售于国内之美国制货物，皆作为自由输入品。

　　三托辣司问题

---

　　①　编者按：《美国战时财政经济之施设》，陈启修译，选自内务部编译处编译、吴贯因校阅：《欧战期间杂纪　财政纪》，北京：内务部编译处，1919年，第109～137页。

排斥巧博巨利之独占事业，主张以法律限制之。

四其他问题

如所得税征收之反对，劳动部之设立，航海业补助之废止，国立银行通货之改善，米斯西皮河水路之开凿，自然富源之开发，铁路电信电话业之监督及价格之评定，中央银行设立之反对等。

威尔逊氏以此等政纲，号召于国内，而获当选为大总统。及观其近来之施设，乃大抵与旧政纲相抵触，而国民曾英之怪，宁非奇事。推其原因，或谓国民制驭威尔逊而使之出此，或谓威尔逊善导国民而自出于此。孰是孰非，虽难遽断，然欧洲大战，使美国国民精神上物质上受莫大之影响，使威尔逊之政策由平和主义而趋于军国主义，由庶民主义之政治而趋于国家主义之政治，则明白之事实，而莫能自掩者也。目下之美国，虽不能谓其已弃建国精神之自由主义联邦组织，而集中一切权力于中央政府，然其迫于国家之生存，促于世界之大势，其所施设，日带国家主义之色彩，实有出于不得已者存焉。例如军备之扩张，难不能即谓军国主义之前兆。然如征兵制度，种种施设，规模宏远，宁得谓为战时之一时的变态耶。盖世局进化，全球为一清廉自由之邦。如美国者，亦遂不能长久超然立于列强权力竞争范围之外，而不得不自谋对待世界诸国之策也。

美国政府最近提出空前之大预算于国会，其总额实达一百三十五万万圆美金。其用途皆主于积极的，建设的，组织的及经济的施设。其目的固在于战胜攻取，然其结果必使美国此后直接与世界列强相竞逐，而益坚其国家之组织，以渐免于美国本非国家实为社会之讥。可断言也，今述美国，战时财政经济施设之纲要于左（下），以共经世家之参考。

第一 战时施设大纲

自欧战勃发以来，美国经济界，顿呈繁荣之象。利之所在害亦随之。美国经世家，为维持人道保全利益计，苦心焦虑，始出于参战之一途。于是施行，金融政策，以处分过度激增之正货。施行物资管理法，制定最高价格，以济物资之穷乏，而杜奸商之逐利。国内之经济，既经统一，于是更进而谋联合国之财政援助。图军备军资之充实。严定禁止对敌通商之法纲。而从来之自由关税主义，于是乎废，决行大规模之增税。而从来之租税政策，于是乎更。凡此种种，皆美国战时施设之要纲，而有可供研究之价值者也。今列举当时国会通过之重要条件于左，以识其大纲。然后就其与财政经济有关者述之。

一、对德宣战布告。

一、第一回战时补充费一万万三千万元之支出。

一、第一回自由公债五十万万元之发行。

一、陆军征兵案之可决。

一、补充兵挑选法案。

一、附与大总统以任意使用私有，或外国船舶于军用之权能。

一、第一回战时豫算额三十二万万余元之支出。

一、海军军团临时增员之件。

一、收用私有土地以供军用之件。

一、使用军事侦探之件。

一、食粮管理之件。

一、战时保险之件。

一、航空队编成费六万万余元支出之件。

一、第二回自由公债四十万万元之发行。

一、一九一八年度豫算不足补充额五十三万万余元支出之件。
（内二十三万万余元用于船舶管理。）

一、对敌通商禁止之件。

一、战时增税二十五万万元之件。

第二　产业上之施设

美国乘参战之机，一变从来之国是。军事方面，日趋于统一的军国主义之政策，固无论矣。即产业方面，亦极力励行经济独立之策。兹举美国农务部、商务部、劳动部及内务部等之产业的设施于左。述其概略，不能详也。

农务部因欲增加食粮产额，以满国民及军队之需求，及供联合国之补助。特委托二千八百五十人，至各地方，演说食粮增修及食粮节省之要，使一般人民，生警戒之心。一而派遣技士至各地方，讲授罐头及干菜之制法。其外关于产物增收。复行组织永久的施设。特由农务部配布各种食粮种子于各地方，以谋种子之改良。研究驱除有害农产之昆虫鸟兽之法，以图损失之减少。扩张市场管理之范围，检查供给军用之食粮。保护或培植可为飞行机原料之材木等等。皆可注目者也。

商务部特行军需品制造。军需品原料及军需品商品之总调查，以明军用物质之确量。

劳动部关于劳动争议之调停及就职之周旋，参战以来，成绩最着，世人所知，不待烦言。目下平均每月供给三万五千人之劳动者于军需工场，复设美国少年劳动者准备协会，以应各般劳动者之需要焉。

内务部内之一部分，亦方从事于军上之业务。如地质调查及地志调查技士，则助陆军部办理军务。职方司则助理耕地整理及开垦等。其结果本年度开垦面积，乃较前年度多四分之一，矿山及一般土地管理司亦努力将事图殖产业而厚军需也。

第三　自由公债募集政策

美国本为债务国。对于欧洲各国发行之公债私债，数颇不少。迨欧战勃发以后，美国立用中立国之地位，供给多量物资于各交战国，因势逐利，所获倍蓰。经济界顿呈非常繁荣之象。不但将所曾发行之公私债，陆续买回，或偿还之，且进而应外国之公债焉。其经济界繁荣之状虽难缕述，今试从贸易关系，农产物产额，铁道利益，全国票据交换额及银行交易金额等观之，亦足以知其经济的繁荣之非常矣。

美国对外贸易之盛以一九一七年度为最。输出总额，达六十万万九千四百万元美金。输入总额，达二十六万万五千余万元。输出之巨，为从来所未有。比一九一六年度，增加十九万万元。比诸一九一五年度，增加一倍二成。三倍于一九一一年度，四倍于一九〇四年度。而一九一七年度金之输入额，竟达九万万七千余万元。实超过由一九〇二年起至一九一四年止十二年间之金输入总额。恰占世界上所有金总额八十五万万五千万元之一成一分。

其他一九一六年度农产物之产额，达八十九万万余圆，较上年度增三成二分。铁路利益金达三十七万万六千万圆，较上年度增一成八分。全国票据交换额为二千五百九十九万万六千万圆，增三成九分。银行交易金额为六千五百万万余圆，增加四成。

略观上述，即可推知美国经济界异常繁荣之状。究其原因，盖在与联合国行巨额之交易。而参战以来，此种交易，有日增，无日减。繁荣之度，未可限量。则无怪乎美国之欲行大规模之公债募集以充军费及贷款之用也。

美国政府决定参战即计划发行五十万万圆之公债，以三十万万圆贷与联合诸国且决定此种公债可与联合国债券行平价之交换。后经国会于一九一七年四月二十四日可决第一回三分五厘利公债二十万万之发行。此种公债，分为五十圆，百圆，五百圆，千圆，五千圆，一万圆，五万圆及十万圆八种。其券上各印以汲法逊家克逊华盛顿林肯门罗，克里布朗，马金雷，克即特等历朝诸名流之像而命名曰自由公债（Liberty loan）欲以引动国民之情感。且对于此种公债之利息，特别免除战时附加税之赋课，以示优遇焉。此种公债偿还期限为三十年。但到期以来，亦得有抽签偿还之事。应募此种公债之人，关于本公债之本利，除嗣续税外，得免除诸税之赋课。且有俟将来用高率发行时，得将此种债券与他种债券更换之特典。政府为预防金融市场之被搅乱，设法将应募金额，由财政部分别存放于全国国省立及其他各银行。一面发行劝告书,劝国人之应募。置备徽章,以奖多额应募之人。使各大都会之银行家,组织劝募团,以助鼓吹。种种计划,几无遗算。以期公债募集之必达于成功。

当此之时,遇有机会,官间民间,必行所谓广告运动。其费用之巨,至达七十五万元美金。各种新闻杂志争说应募之要,及其对德国之致果之大。其他各公共团体,亦莫不各自活动,四处劝募。其中最著之例如左(下)。

(一)各新闻社之共同援助

纽约市各新闻社,每日割其最重要之栏,或半页或全页,以记载自由公债之事。对于应募之优伶,揭其像于新闻纸上,以挑发国民之好奇心。又或派遣十余架航空机于纽约市之空中,使散布各种劝募檄文。

(二)戏园游览场之援助

大戏园等,每晚必利用休息时间,为劝诱应募之演说。

(三)电影画制造者之援助

全国电影画制作家协会,特造关于劝募公债之电影。

其长者乃至五十万英尺云。

(四)律师团演说会

此种演说会之开催,大小几及千回。

一月之间,官民上下,劝募诱导,不遗余力。至应募期满之日,募集成绩,非常佳良。应募总额,达三十万万三千五百余万元。超过募债金额者,实五成有余。要约人员,达四百万人以上。其中九成九分,为万元以下者。可见应募者之非全厉于富豪阶级矣。

第一回自由公债之募集条件，较之英法等国之第一回，战时内债，比较苛重，而竟获极良之成绩者，固由于当局者劝诱之功，与舆论界鼓吹之力，亦缘经济界状况甚佳，游金甚富，易于吸收之故也。自有此次经验之后，美国财务当局，益有把握。一般美国人，亦益深其国民奉公之自信矣。

于是财政部遂于十月发布募集第二次自由公债三十万万元之事。此次分公债为二种。一为利单公债，总额五万万元。中分百元，五百元，一千元，五千元，一万元六种。余为登录公债。中分五十元，百元，五百元，一千元，五千元，一万元，五万元，十万元八种，利息四分。每年三月及十一月分两期付之。偿还期为一九四二年，即二十五年后。但十年以后，亦得以六个月前预告之法，自由偿还具全部或一部。

第二回公债募集之运动，较第一回时尤大且猛，其方法亦更新异。如定十月二十四日为全美国之自由日，使全国市村行爱国的集会，其一例也。他如纽约市夜间之劝募大行列，市中各悬之劝募时表等。皆第一回公债募集时所无也。

经上述劝诱运动之后结果颇良。要约总额，达四十六万万一千七百万余元。超过募集最少额（三十万万元）者，五成四分，不及募集最高额者（五十万万元）仅三万万圆。依应募法计之，实地应募额，为三十八万万零八百万余圆云。

美国国民一面应债自由公债，一面应各国各种公债者，亦常有五成以上之应募超过，经济力殊可惊异。而此次应募人员，实达九百四十万人，较上次多二倍，可见自由公债之配布之日益普及也。

第四　战时增税案

美国于一九一七年四月提出战时增税案于国会。欲增加租税，以补公债之不足。兹记原案内容及其后之讨议于左（下）。

第一类

所得税	五三二、七〇〇千元美金
一九一六年度溯及重课所得税	一〇八、〇〇〇

第二类

战时利得税	二〇〇、〇〇〇

第三类

蒸溜酒精税	一〇〇、〇〇
精溜酒精税	七、〇〇
酿造饮料税	三七、〇〇
葡萄酒税	六、〇〇
无酒精之饮料即各种汁水税	二〇、〇〇

第四类

叶烟税	一一〇、〇〇
纸烟税	二五〇、〇〇
丝烟税	三〇〇、〇〇
鼻烟税	二〇、〇〇
纸烟用烟管税	二、〇〇

第五类

普通通行税	七七、五〇〇
急速通行税	一五、〇〇〇
旅客税	七五、〇〇〇
铁路税	四、〇〇〇
旅客坐位及寝台税	七五〇
家用电气煤气及电话税	三〇、〇〇〇
电报及公众电话税	七、〇〇〇
广告税	七、五〇〇
保险税	五、〇〇〇

第六类

摩托车税	六八、〇〇〇

摩托车用之象皮轮及象皮管税 　　　一二、五〇〇

乐器留声机及留声盘税 　　　七、〇〇〇

电影照片税 　　　七〇〇〇

宝石税 　　　七、〇〇〇

运动器具税 　　　二、〇〇〇

娱乐用船艇税 　　　五〇〇

香水税 　　　四七五

特许药剂税 　　　八、五〇〇

固齿象皮糖税 　　　一、〇〇〇

第七类

入场券税 　　　六〇、〇〇〇

俱乐部税 　　　一、五〇〇

第八类

A项税（案即赌具如骨牌类税） 　　　三三、〇〇〇

第九类

土地买卖税 　　　六、〇〇〇

第十类

战时海关税　　　　　　　　　　　二〇〇、〇〇〇

第十一类

Uirgin Vrland Product　　　　　　　　二〇〇

第十二类

第一种邮件税　　　　　　　　　　　七〇、〇〇〇
第二种邮件税　　　　　　　　　　　一九、〇〇〇
合计　　　　　　　　　　　　　　一、八一〇、四二〇

据右（上）表观之，可知入收之大部分为所得税，奢侈品消费税战时利得税，交通税，邮政印花税及关税也。众议院豫算委员长，对于此案加以说明，谓本年战费骤增，不能不求助于租税。本委员会，当此时机，认有增税之要，然亦极注意于课税之公正及其对于商工业之影响，非贸贸然而敢增税也。且参战之费，半求之于租税者。诚以参加欧战之举，为现代国民衷心所希望，当由现代国民尽其力之所及，负其责任而不当使后代国民，徒负不当之重累也（谓公债），云云。

此案提出后一般舆论甚表赞意。以为当此非常紧急之时，应行此种非常之策。各派各党皆须开诚布公，一致赞成。平素之党争，

当绝对避之云。

本案在下议院于数目上稍有改正，以三〇九对七六之多数通过后，送至上议院。上院预算委员会，削除原案中之海关税，而代之以八千万元之咖啡茶，炒糖及可可等消费税。其后开上下两院职联合会时，复稍有改变，税额颇有增加。闻全额为二十四万万一千余万元云。

第五　食粮管理

战时食粮品之生产及消费，不能蹈循常轨，恒有供求不合之虞。故各交战国，莫不施行相当之手段，以监管或限制之，而固民食。美国自参战后，朝野上下亦及注意及此。决定根本方针，第一先满美国国民之需求，第二则图对于联合国之补助，第三方言润患其他中立国。本此方针，自一九一七年十一月起，制定食料管理法。而实行种种之施设焉。

食料管理法案，原案之内容，可由下列八点说明之。

（一）　食料监管事务。与从来农务部，所掌管之生产，储藏及买卖等事务，完全分立。

（二）　食料监理官。不支薪俸。

（三）　为调节食料品之消费，使与生产适合起见，督励现存之生产人团体及贩卖人团体，使互为名誉上之协力。

（四）　关于现存食料之数量及生产贩卖之费用实况，施行完全之调查。

（五）　食料品之死藏独占，一切禁止之。

（六）　过必要之时，得征发食料品及其处理上必要之设备。

（七）　奖励食料品之混食，禁止一般之浪费。

（八）　政府食料之管理，俟战争终结后，即废止之。

本案影响所被，关系于国民生活者甚巨。故提出于下议院后，议论沸腾，进行甚迟。一月后，始议决食料资源之调查，及生产奖励之实行二项，以为食料管理之准备。越三月，经种种修正，所谓食料管理法者，始通过上下两院，经大总统之裁可，而得成立。

本法规定，食料管理官一人，由大总统任命之。大总统于十月中旬任命。胡畦氏为食料管理官，使发表食料管理之宣言，及说明管理法之内容。兹综宣言及说明二者，而撮其要于左（下）：

甲　食料管理官之说明

食料管理官希望依食料管理管之方法，达下述之三目的。

（一）防遏有害之浪费，使生活必要品之价格，不致腾贵。重要食料品之交易，不致停滞。（二）因鉴于世界各国物资之不足，对于美国国民，维持物资之供给，注意输出之量额。（三）对于协商诸国，增加美国之输出品，使协商诸国对于军队，能行适当之给养，对于国民，能行相当之供给。然因美国之出产品额有限故，当依种种之方法，实行食料之节约。以上三者为食料管理法之最大目的。

吾人既加入战争，则对于为吾人而战之军队及国民，自不能不负给养之任务。协商诸国之秋收依国民多数赴战，女子劳动力微弱及潜航艇横行等之原因，较平时约减五万万石。此减少之食料，除仰给美国之外，几无补填之法。故吾人在欧战前，每年仅输出八千万石之小麦。今已至少不能增加输出额至二万万二千五百万石。即此二万万余石之小麦，亦仅足满其需求之一部分。盖彼等面包最小消费额实已较平时减缩二成有余，且其所消费之面包，大部分皆为战争包面，用小麦以外之杂粮，制成者也。

而一方面因维持在战线战士之精力，不能不多给肉类。平素少劳小食之人，忽增劳激，亦不能不增其肉食之量。故协商诸国之家畜屠杀数，竟增加至三千三百万头以上。而其新增之量，全赖美国供给。且其量随战争之进行，尚有加无已。

又如砂糖。战前法意二国，仅出产其需要额之三分之一，英国则全仰给于德国。今日则三国皆依赖于西印度之输入。西印度输出于三国者多，则供给美国者寡，此必然之势。故吾人对于砂糖，亦有节食之要也。

现在因船只缺乏，吾人所能供给于协商诸国者，仅小麦谷类牛肉豚肉及砂糖等，重要食物而已，所幸吾人于此等之外，尚可产出多量之果物、鱼肉、玉蜀黍及杂粮等。吾人今日第一之任务，即在极力消费此种代用食品，而节用其他重要食品，以供协商诸国之消费。第二则在极力禁戒食物之浪费。代用及节用，皆为爱国之行动。多费一分重要品，即多增一分协商诸国民之苦痛。一物浪费即不啻助成一时之饥馑。协商诸国，苦于征战，已行极端之缩食，不能更进一步。吾人则可节之余地尚大，义不容辞。且协商诸国民，受节食之困苦者，多半为老弱妇女。宁牺牲此辈，以谋壮丁战斗力之继续。吾美国号为自由之乡，博爱之国，尤当起悲悯之念，坚互

助之心。故希望美国民，人人以食料管理局之一员自命，以达参战
之目的也。

乙　管理法宣言之内容

一、以下之营业者，当受管理法之支配。

一、冷藏库业者。兹所谓冷藏库者，指保持华氏零度以下四十
五度之气温，能贮藏食物至三十日，以上不坏者而言。

二、谷类机械营业者，仓库营业者，贮藏业者。

三、输入营业者，包装营业者，水库营业者。（但三者皆限于
经理食料管理宣言所记载之食料品，且其交易额每年在十万美金以
上者。）

二、应受管理之食料品

小麦、小麦粉、黑麦、黑麦粉、大麦、大麦粉、燕麦、玉蜀
麦、豌豆种子、干豌豆、棉花子、棉花子油、棉糟片、棉糟粉、落
花生、大豆油、落花生、大豆油、棕榈油、椰子油、模造牛酪、猪
油、猪油代用品、橄榄油、食用脂肪、牛乳、牛酪、干酪、罐头牛
乳、干乳、乳粉、生熟罐头牛羊豚肉、家禽、鸡卵、生鱼、冻鱼、
生果、生蔬菜、罐头、豌豆、蚕豆、洋茄、玉蜀麦、梅乾、林檎、
梨、葡萄、砂糖、糖汁、密糖。

三、管理上之注意事项。管理之主旨，在使需要者能得廉价之
食料品，及使前记各商品能长期有效保存，而决不欲妨害交易。然
关于左列事项，则不能不要求一般之注意也。

（一）　管理官亦负有数多之义务。

（二）　生产者不得限制贩路，亦不得居奇不卖。

（三）　禁止关于食料品之诈欺，及投机贩卖，并禁以诈欺。及投机之目的而行不法之贮藏。

（四）　禁止不当之抬价。

（五）　关于供给不可行偏颇，或虚伪之商事交易。

四、管理方法　凡受前记管理法支配之营业人，必须先得管理官之特许。不受特许者，不得营业。凡当受管理之营业人，须随时依照管理官送来之文书，填报管理官所要求之事实。此等事实之记载，管理官自当严重处理，决无泄漏之虞。此外一面使富于经验之营业者，助政府施行本法。一面对于一般国民，常行不得浪费食料品之警告。

此种警告，或由食料管理官直接报告，或由各地方之公共团体，用种种方法，劝谕告戒之。例如定某日为节食日，节省各家庭之食费。定礼拜一为无肉日，不准食肉。礼拜二为粗食日，不准食上等面包等是也。此外特由大总统，于十一月七日，发布面包制造特许令。凡业面包制造者，须定下列四项限制。

（一）　不得制造用作糕点之面包。

（二）　常食用之面包，亦仅限于重一磅，一磅半，二磅，及四磅之种，准其制造。

（三）　凡制造面包时，每小麦一巴劣尔（美斗），不得用三磅以上之砂糖及二磅以上之植物性油。

（四）　使用牛乳时，必须用除去乳皮者。

据专门家所计算，因面包制造特许令施行之结果，所节省之砂糖及植物性油，每年各达一万万磅云。

第六　燃料管理

美国政府，一面管理食料，一面又谋管理燃料。盖食料与燃料，相依为用，俱属国民生计所系，固不能重彼而轻此也。然美国食料管理之法，尚在监视暴利之范围内。燃料之管理，则已带有干涉之性质。故其实施，较前者为难。

美国燃料管理之组织大略如左（下）。

中央燃料管理官一名，由大总统任命之。燃料管理官之下，于中央置事务员若干名于各州，各置地方燃料管理官一人。于各州属之郡，各置燃料委员一人。此外置补助委员，补助管理，及价格制定委员若干人。合全国计之，全体人员，约达万人。各郡管理委员，须查定其地方在一定期间之燃料消费量，及其郡与他郡之供求关系，而报告其结果于州管理官。各州管理官复调查其州在一定期间之燃料消费量，及其州与他州之供求关系，而报告其结果于中央燃料管理官，中央燃料管理官，乃根据各州之报告，调查全美国之供求关系，使各州之闻，有无相通，多寡相剂。若其犹有余剩，则使之输出于联合国。

应受燃料管理职官之管理者，为矿山营业人，燃料运输人及贩卖人。中央燃料管理官特由各营业人之代表中选出三人，使参议各种问题，如管理组织零卖价格，及运输货车等，以谋官民意思之疏通，而图进行之便利。

美国施行燃料管理，实迫于事势，不得不然。盖自战局开始以来，劳动矿夫减少，致煤炭产量激减。而各州间之供求关系，因车船不足之故，亦不能调节得中。故燃料缺乏之感，非常切迫。为从来所未有。政府之设燃料管理法，本欲使各州闻有无相剂，然因燃料管理方法，难臻完善，故其结果，不能全如政府之所豫期。管理施行以后，燃料缺乏之叹声，犹日有所闻也。兹略举美政府管理燃料之方法于左（下）。

一、规定在矿山趸卖之价格。

二、限定一般零卖价格。使其最高者不得超出趸卖与上年所获同种货物之佣钱之三倍之和。新营零卖之人，则依官定之标准佣钱计算。

三、监察零卖营业人。使其负填写一定格式报告卖买价格及佣钱多寡于燃料管理员之义务。

四、监察煤炭经纪人。使其不能居间播弄，以渔非分之利。

五、限制向加拿大输出之煤炭量。

六、禁止输出国内煤炭于中立国。中立国船舶，载货赴他国，途中偶经美国商港时，亦惟以运载曾经输出管理局之承认之货物，或运载非与敌国接壤之中立国之货物时为限。准其用美国之煤炭，以资航海之接济。

七、对于一般之警戒。一面警告世人节省燃料之消费，一面警告经营矿业之人及矿山工人。谓政府为维持燃料计，对于同盟罢工及工资问题，当舍调停手段，而行政府所有之权力。

以上为美政府管理燃料所采方法之大概。然其结果，殊不见佳，煤炭供给量仍形不足。致用煤发电之各电灯公司，亦受煤炭使用之限制。盖美国政府关于燃料管理所采之方法，纯系消极方面之限制。不但对于煤炭产出额，不能积极有所增加，且因限制价格之故营，掘煤事业者，反以无大利可获血减少资本，以利用于他途。致使煤炭产量，日益减也。故今年上半年，各州电气或煤炭公司竟有因之停业者。论者谓若战争再延长者，恐美国内多数工业之与战事无关者，或将闭锁工场，即不然亦不能不减短其操业时间也。

第七　交通管理

参战以前美国铁路行政极其散漫不一。一般人士，觉其不便。已有唱统一施设之说者。及参战后，时局紧迫，运输频繁，统一交通之问题渐为朝野所重视，议论纷然，且体之策亦复不少。至最近，（一）因各铁路公司资金缺乏。（二）因铁路上工役。要求增加劳值。（三）因运输联络不得其法。致各种输送，常生障碍。其影响于战争之遂行者，颇为不小。于是美国政府，为利于战争计，断然以大总统之临时大权，举全国铁路水路通信等（市街铁路，不在此内）设备，移于战时政府管理之下。由政府特任一战时交通管理官，专司管理事宜。其具体之办法，大略如左（下）。

（一）管理官与铁路公司。以过去三年间之平均纯收入为基础，协定一种补偿额。

以填补各公司因被管理而生之损失。

（二）各公司之财产。在政府管理中，当由政府极力保护之。

（三）各公司之职员。各仍共旧。

（四）政府不得因管理而害及股东，公司债主，及铁路债权人等之权利。

（五）国家对于交通机关有优先使用之权。各种机关之连络配置，当破除从来各公司之惯习，而一以国家之利益为主，由管理官自由支配之。

自交通管理实施以后，全国运输能力，渐次恢复，血脉流通。全身舒畅。故铁路股票及兴业股票之价格日增云。

结论

美国战时财政经济之施设，何啻万端。固非前记区区数纸，所能道尽。然关于欧洲大战与美国财政经济界之影响，美国国民经济上所受之痛苦，及美国国家所采之救济策等根本说明，具于此矣。其细枝末叶，虽不可得而详，然由根本的施设推之，亦未尝不可举一反三。且本文之主旨，一面固在观察美国战时施设之外形，一面又在阐明其内部所含之精神，故枝叶问题，宁从简略也。

通观上述各种施设，而一检其共通之显著色彩。无论何人，亦知战时之美国已脱去民主主义自由主义之旧面目，而渐趋于统一主义、国家主义。更观其施设之深远、规模之宏大，又可知美国欲达雄长世界之志，确有异常之决心，而非侥幸万一者可比也。

或谓美国之参战，正如久睡之狮。一旦醒来忽作猛吼。果然，则邻近之虎狼或犬羊其亦知所警戒，而谋所以自卫之方耶。

国际上之民主主义①

太阳杂志三月号

陈启修 译

（一）

欧洲大战，何时方可告终，平和会议，何时方可开始。以今日之形势言之，殊难揣测，乃不料交战诸国之间，已公然睹与讲和谈判开始相等之事实之发生。此实现代文明进步之恩泽，为从来所仅见。而吾人不能不欣幸者也。

试证诸历史。一面交战方酣，一面开平和会议之事实，未尝无有。其最显著之实例，为三十年战争之末期之维斯特甫阿利亚之会议。此会议期间之延长，共有五年。其间交战者自战，会议者自议，两不相妨。距今百年前之维也纳会议亦然。当胜负未决之间而战后之平和条件已决由此观之。则今日之欧洲大战，胜负之数，虽

---

① 编者按：《国际上之民主主义》，太阳杂志三月号，陈启修译，选自内务部编译处编译、吴贯因校阅：《欧战期间杂纪　政治思潮纪》，北京：内务部编译处，1919 年，第 181～193 页。《太阳》杂志创刊于 1895 年，是由博文馆发行的横跨明治、大正、昭和三个时期的日本最具代表性的综合杂志，梁启超在日本创办的《清议报》《新民丛报》受《太阳》影响巨大（寇振锋：《梁启超与日本综合杂志〈太阳〉》，《日本研究》2008 年第 3 期，第 63 页）。

未可知。而平和会议之开催，或突如其来，亦未可预料。此事不足为奇，亦不足供吾人之研究。吾人最所惊异，而欣幸不止者，当此酣战之时，各交战国之当局者不出国门一步，而能公然交换相互之意见，行自由之酬答，其状恰与各交战国之议和全权使节直接会合而为媾和之准备者无异以此之故。虽未睹平和会议之公开，而事实上已有媾和谈判之端绪。虽未睹公式的政府，间之谈判，而得见振古未闻之民主的外交。此非受现代文明进步之恩泽，而能若是耶。从来之外交谈判，皆进行于秘密之中，其状况非至条约成立之时，不能公表。而今次之讲和，则于平和会议开始之先，已可知各交战国之意思。此种公开主义，实前此所未有也。

英国首相路易哲治氏于一月五日临劳动者联合会代表者大会，为重大之演说。同月八日美国大总统威尔逊氏对于国会陈述代表美国舆论之意见。同月二十四日，德宰相黑尔特林伯爵及奥匈国外务大臣基尔宁伯爵，亦相率发表两国政府之意见，以与英美相酬答。其后威尔逊于二月十一日对于二伯爵之演说，行批评的回答。如此各籍新闻及通信社之力，交换意见。虽其主张尚不能遽见一致，然以非常之方法，于交战中而行一种异常之谈判此种新现象，实为人类文明进步之一征。继此以往，公开主义之外交，恐将取秘密主义之外交之地位而代之矣。公开主义之外交者，即所谓民主主义之外交也。

（二）

日本国中一部分之论者，言及民主的外交。辄疑其与日本国体
不能相容，而抱恐惑之念。而一面与日本同盟诸国之舆论，皆主张
打破德意志之军国主义，而以拥护民主主义为帜志。亦使外国人
（尤以中立国人为甚）对于日本，怀抱疑念。究其原因，皆由日本
国体及政治而来。例如前月文学博士井上哲次郎之演说有曰。

"英美诸国之政治家宣言。对德之战为正义，人道，自由，文
明等而战。其名。非常正大。然其主张之中，有一事为吾人所最不
解者。则英美二国常主张今兹之战，为民主主义对专制主义或君主
主义之战是也。夫日本为君主立宪政体之国，故日本之参战，决非
以民主主义之胜利为目的，亦不能以之为目的。乃英美等国则不顾
日本之国情，竞标民主政治为主义，而日本当局者亦熟视若无睹
焉。此诚吾人所不解而愿吾国民主义者也云云。"

以吾人观之，井上博士之议论，盖全然混同国内之政治与国际
之政治者也。民主主义及专制政治之语，除在国内政治上所指之意
义外，在国际政治上尚有特别之意义。若不知此，则惑且业生。日
本一部之论者及中立国人之疑。皆从此而起者也。当开战之初，英
法人极力标榜民主主义对军国主义之战争，以鼓励民气。德国舆论
则反对之，以英法二国为口是心非，而举英法与世界最大专制国俄
罗斯携手之事，以为佐证。不幸俄国中途瓦解，于是向之以俄为证
者，今则渐引用日本之国体焉。日本一部之论者，不知所以自解之

道，则渐附和敌人之间言，而疑日本参战目的之何在。此其蔽皆由不知国际上之民主主义之与内政毫无关耳，是不可不辩明之。

（三）

所谓国际上之民主主义者，决非干涉各国之内政而欲变更其国体或政体之谓。此主义不但不反对君主制而已，且方以君主制之恢复为期望焉。试证诸事实，当知吾言之非诬。革命前之俄罗斯，为神权主义及专制主义之国，英美法诸国国民对之久无同情，此稍悉外交史者所知也。然俄国自日俄战争失败以来，始开国会，渐有倾向立宪政治之势。当此次大战之初，俄之蹶然以兴者。其表面之理由，又实在维持弱小国之塞尔维之独立。故英法两国，以俄国为与国，标榜国际上之自由主义及民族主义而宣战，主义上固毫无矛盾之处。盖国内之政治如何，本可付诸不问也。英法二国，若步德国之后尘，仅以维持优秀之文化为主义，则俄之文化较劣，因谓英法之主张为矛盾，或不失为一种之理论。然英法之主张固在彼而不在此。既以民族之自由及小国之独立为主义，则其同盟中即全有独裁神权主义之俄国及万世一系之君主制之日本，或即令有专制主义及官僚政治亦何害其为国际上之民主主义哉。故同盟国之政治家中，纵有昌言此次大战为专制主义对民主主义之战争者。吾侪日本人固不必因之而怀丝毫之疑虑也。

设若联合诸国之目的，不在维持国际上之民主主义，则法美二国不但无对德开战之理由，亦且无开战之必要。何则？俄罗斯，比利时，塞尔维，孟特尼哥及罗马尼等国，在开战前俱为君主国体或君主政体之国故也。然法美二国，事实上则方奋斗努力，以还附此等小国之领土，恢复其一王位为目的。其同情之所集，则方为蒙尘国外之比利时王，而法国人且方使比国及孟特尼哥二王国开设官署于其领土之内。由此观之，则联合诸国所揭櫫之主义之为国际上之民主主义，而非国之民主主义也，明矣。

（四）

去岁十一月三十日，驻日美国大使莫礼士氏欢迎会上所为之演说，意味深长，决非外交上一片之辞令而实为国际上联合诸国之共同目的之宣言。惜当时日本新闻纸所载，过于简单，不能使日本国民完全了解其真意，殊属憾事。大使之意盖在解说国际的民主主义之本义，以明日美二国之国体，对于联合国共同之目的并无不相容之处。其言曰。

日本之先觉政治家，一面使日本得列席于现代国际会议，一面又克拥护日本之万世一系的皇室之光荣。其所以能如是者，盖不外乎其能维持国民的生活之自由耳。美国从前对于锁国之日本所要求所提出者，亦即此自由。今者日美二国所以携手而加入世界大战争者，究亦为此自由。此自由者何也？即国民的生存之权利是也。吾人在昔为本国要求此自由，幸而如愿以偿。而更欲为全世界要求之。今不幸此种国际的民主主义，忽遭日耳曼民族之侵略主义之威协，吾人安能默视乎。国际上之民主主义者，非非强行民主制度于一切国民之谓也。若美国欲以其国民精神所发现之制度，强他国民行之，则美国与欲化世界为日耳曼制度之中欧强国，将无所异矣。吾人非为国内民主主义而战，而为国际的民主主义而战。吾人今日，盖为世界上大小各国民要求国民的自己发展之权利也。

以上美国大使所说，关于此次大战之共同目的，最为简明正确。吾人读此，则井上博士及外人等之疑团可冰释矣。

（五）

此次德奥二国之敢于肇衅，亦未始无几分正当理由。为吾人所认许者。且自开战以来，国内人民受莫大之痛苦，乃未闻有反抗政府而起革命者。此足见两国人民至今犹信从其政府之主义政策，而未始或渝。由此观之，德奥两国之军国主义，实基于民意与舆论，此可得而言者也。然而德奥两国为其自国利益计，不惜侵割他国之独立自主，又破坏中立国权利，蔑视国际条约，虐用占领地之人民，律以人道，实属罪大恶极。斯则不能为讳者也。余友成濑仁藏氏最近所著《世界统御力》一书，揭破德国主义，极为痛透。其言曰：

德国之非人道的权力主义，由特来徐克及伯伦哈地等完全阐揭其思想。虽或有异，而关于此点，则一致从同也。

个人主义者尼徹氏之言曰，权力意志者，人生之本调与锁钥也。仁爱者，奴隶道德也。崇奉奴隶道德之时代已过，今则进趋于权利本位道德之时代矣。

国家最高论者特来徐克之言曰，国家即权力，而国家意志即"力"也。战争者神圣也。国家之膨胀，多缘于征服。而正义之为物，非强国不能贯彻之。

军国主义者伯伦哈地之言曰，个人的道德，不适用于国家。又战争为不可少之物，且战之自身本善。又曰，自己保存为国家之最高理想，为谋此理想之实现计，任何举动，俱得认许。国家对于自己之行动，为唯一之审判者。又曰。弱小之国对于强大之国，无并立之权利。

铁血宰相比士麦之言曰，世界中为德国所敬畏者，唯神耳。

以故今日德之军国主义者，至妄信"神"以德国国民为其选民，而使之统御世界。又全德意志主义协会之宣言书曰，全德意志者，以地球上所有德意志国民感情之复活，及其思想习惯理想信仰之保存为目的，更将所有德人打成一片，以成就国家之目的为理想。

毕竟德人欲举其大德意志主义宣播全宇，其根据果何在乎？成濑氏又尝论之矣，其言曰：

一、德国之文化最高。

二、以最高之文化，传播于世界，为救济人类之圣业。故凡妨阻德国之文化之传播者，为蛮族，为废国。如此国族，在理宜征服之。

三、故高等文明，必欲支配劣等者。苟劣等者不肯服其权威，则出于战，此不可避之事也。

德国以此主张，而定其对内对外之政策，欲一雪其过去二百年间之宿耻。于是忍辱负重，计划深远，建立社会根本组织，而一切政治教育。胥循此方针，以谋统一。其在大学讲坛，多演说战争神圣论，或言人类最高道德，唯战时乃得实现。自皇帝以迄小学教师，罔不信仰德国主义之神圣，若出于天性者。德国之教育，为科学的，又实际的，且为组织的，统一的，故号称文明各国之模范。然其精神教育，未免偏重德国国粹，结果遂使一般国民发生道德上之大缺陷，致令贻祸国家，并以贻祸世界也。

（六）

更从历史的研究之，德意志国民思想所以如此偏狭者，殆非无故。当一八〇六年，普鲁士为拿颇仑所破。普之居民，共蒙厥羞。国王斐力德威廉三世慨然曰，今后我国不可不以智力回复其物质的势力之损耗，朕当力图人民教育之振起，百端筹维，以冀其完成。又当时哲学家斐牺特氏，希图激励国民，倡言德意志文化超越于全世界。且曰能从一切祸患中拯援吾人者，惟教育耳。又曰，现世之民，天将畀以新生命，为人类完善之始基，而负有首先发达之重任者，实为欧洲根元之德人也。吾曾苟膺此使命而归失败，则堕入万恶之渊，不可拯救。而全体人类之希望，亦缘之隳灭。此实不可逃之数，吾人果由此沉沦，将来即无恢复之望，于是人我俱尽，全归澌灭矣。其言慷慨悲愤。盖由确信使然也。

斐氏谓德意志语事实上毫未受希腊罗马语之恶感化。在欧洲各国语中，最为纯粹。其用此纯粹国语之国民，关于人类渊源，具有根柢。故其文化不得不为世界之冠。又谓若正义果为世界必当遵循之法则，则有文化之人不可不支配，无文化之人不可不服从，亦属正义之当然云。凡此种种思想，非出于氏之一时的悲愤，而确从腑肺中之确信流出。当德意志受法兰西及其他邻国凭陵之日，既已深中于人心，而发为斐氏之爱国的言论。其后国运大振，德意志帝国，勃焉兴起。德意志文化，日益昌明。则今日德意志精神之根柢之加固，枝干之加强茂，岂足怪哉。

是故德人所谓文化，非指世界共通之文明而言，特以指德意志之国粹。易词言之，即德意志民族发达之精华而已。此其为物，在德意志民族受他民族压迫之日，诚足以鼓舞国民精神而收巩固国基之效。时至今日德意志已列于最强国之林，若犹不知自制，而欲增长其所谓文化主义，则不特精神上侮辱世界各国，事实上影响于外交则为对于小弱国之专制侵略政策。直与伦理学上之人格至上主义及国家学上之国家至上主义，亦相背驰矣。盖以人格为至上之文化，决不侵侮弱小。视国家为神圣之主义，亦必尊重他国也。而德意志之国粹主义则异乎是，特一权力绝对主义，或德意志至上主义而已，与世界之平和人类之尊严不两立也。

联合诸国所谓民主主义者，即与德意志至上主义或国际的专制上义相反之主义也。故以实际言之，宁谓为国际上之自由主义，或国际上之民族主义较为确当。然现代欧洲文明之特色，在不能以从前之消极的自由自满，而欲积极造成人民之意思。故不取自由主义之语，而喜用民主主义之语，以迎合一般之心理。又民族主义一语，亦有二义。可解为拥护各民族之自由独立之主义，亦可以解为以强大民族之意思强行于弱小民族之上，使之屈服之主义，语甚暧昧。此国际上民主主义一语之所以风行也。

（七）

国际上民主主义一语义实如上。故国际上日本纵与唱民主主义者相联合，亦无害于日本之国体。一般顽固者流，睹此可知民主主义一语之不足惧矣。惟民主主义，本以人民之幸福为主眼，故不可谋国民全体之幸福。今联合诸国，既主张折倒德意志之专制主义，而极弱小民族于水火，则联合诸国亦当自返，而图内政之改善也。易词言之，即既以德国对波兰及阿尔萨司罗兰之虐待为非，则英国当解决爱尔兰问题，改良印度及埃及之施政。美国当完全保护国内之黑人，改良东洋移民之待遇。日本当优遇台湾朝鲜之住民，温对华之亲交也。盖联合国既标榜正义，人道，自由，文明，而不惜一战。则此不独自然之论理，且亦当然之义务也。苟能本此主义以行，则交战国之国体政体之如何，抑末节耳。

犹太主义之由来及其将来[①]

陈启修 译

一、犹太人问题之兴味

东洋诸国，幸与犹太人问题，毫无利害关系，故似无论述之兴味。然以世界的眼光观之，此问题之解决，对于世界大势，不无影响，故取而论之。稽诸史迹，犹太民族实为生产大英雄摩西与大哲人耶苏之民族。夫今日欧西之文明，诚为振古所未有。然若从今日之文明，除去基督教，其所余留果有几何？从今日之思潮，除去犹太思潮，其余留之希腊思想，果得称为健全之思想乎？犹太国运，一蹶不振，其国民播迁流离于诸国之间，日受抑压，痛尝亡国民之惨况。若在他民族，或已同化屈服为无形之消灭久矣。而犹太民族乃犹能维持其为神之选民之意识，保持其民族之纯一，则无怪乎世界之惊异，视为不可解也。自十八世纪之末叶，法国大革命以来，散在西欧之一部分犹太人，渐次获得诸种之权利，始有活动之自

① 编者按：《犹太主义之由来及其将来》，陈启修译，选自内务部编译处编译、吴贯因校阅：《欧战期间杂纪 政治思潮纪》，北京：内务部编译处，1919年，第195～204页。

由。尔来百余年间，犹太民族贡献于世界之功续，尤可惊异而不能没。今世犹太人总数仅千二百万人，除其半数居于东欧，受极端之权利限制，无活动之自由可不计外，以六百万人之人口而能占全世界富豪四千名中之百二十五名。此其一。昔西班牙意大利之商业权之移于和兰，全出于犹太人移住之结果。此其二。今日美国之新式商工业，全出犹太人之企划。此其三。其在与世界活动动力最有关系之经济方面既已如是，其他于学术界则所产者有公法大家之耶利内克，私法大家之德伦固尔，六百零六号发明家之耶尔利牺，世界语发明家之乍猛贺夫，电学大家之哀的孙，现代哲学大家之白尔格孙。其他法学界，医学界，化学界，知名之士，尤不遑枚举。于艺术界。则有音乐家之瓦格纳、阿分、巴哈、约亥穆等。世界名优之沙拉白鲁纳尔，戏剧家之章格依尔。于政治界则在英国有十九世纪大政治家之的斯劣利，在意大利有大英杰甲别达、宰相列察基，在德国有帝国议会最初议长之紧孙。至于风靡现世界之社会主义。犹太人之功续尤多。从学术上研究社会主义，而树立不拔之根据者，非犹太人卡尔马克思乎？开始社会民主党之运动者，非犹太人拉萨尔乎？社会主义自不能谓为合乎真理，亦不能谓为全属谬论。其所以至今日之广播，出于犹太人之力者实多。最近俄国社会党所策划之社会革命成功与否，虽不可知，然在世界史上固不失为一极大之事件。而其中心人物之列宁、脱罗斯基等，则犹太人也。德国社会民主之前领袖紧加现，领袖哈则，及修正之白尔伦斯太因，亦皆犹太人也。然则苟知俄德二国社会党势力之确大者，岂有不惊犹太人之富于异才者哉？犹太民族抱此伟大之素质，而乃无祖国可恃，无故乡可归，营流窜放浪之生活者，二千五百年年年岁岁，徒望故国西恩之败址颓垣，而兴黍离之叹。天欤人欤？抑可悲也已。吾人取此悲剧之主人翁而研究之，当不为无益也。

二

犹太民族桎梏于异民族之支配下者，数千余年。偶逢世运之进步，值人道主义之盛行，散在欧西之一部分犹太人，始获政治上之解放，而发挥其个人的能力。于是彼等乃翻然振起民族的自觉，以为犹太民族自古以来实为神之所眷，伟人杰士，累世辈出。即现代百余年间，人才之出，亦不可胜数。而一面散在俄国及罗马尼亚等东欧诸国之同胞，则方处于奴隶之境遇，不但不能享私权。亦且无生存权之保障。寻其原因，要不外乎犹太民族之不能自成一国家，而仅营寄生虫之生活而已。更从他方面观之，在西欧获得自由之犹太民族，反以获得自由之故，失其自己之特质而渐同化于西欧。此实反乎神之选民之本质而不可不注意者也。欲避此两种大弊。究不可不形成一自治体而讲自己发展之道。故犹太民族中，因此自成自治体之希望，而生三种理想。第一，由俄国承让一地方。使犹太民族居之，而营自治生活于俄政府之下。此次俄国革命时所闻之全俄犹太人大会，即以此为目的者也。第二，巴勒斯的那为犹太昔时之圣地，今犹太人景仰之标的，故欲统一离散之同胞，惟此地最为适宜。此即本题所论之犹太主义（sionism）者之所主张也。第三，犹太人所希望者，第一为犹太之空气，次始为犹太之圣域。犹太主义者之主张虽佳，惜不免有本末倒置之嫌。盖巴勒斯的那现为土耳其之领土，欲取而归诸同胞之手，事至不易。而东欧之同胞，则方在倒悬之中，安能待此优柔之政策。故无论在如何蛮方，要当速择一适宜之地，以为犹太民族移住之处，此种理想谓之领地主义。

此三种理想中，最使世人注意者，为第二种犹太主义。一八九五年，奥国籍犹太人黑尔池著《犹太国》一书，提倡此种理想。一八九七年，犹太人始于巴则尔开第一回犹太人世界大会发表宣言书，以在巴勒斯的那形成一被公法上承认之国家为目的，以结合全世界之犹太人为理想，传檄于世界之犹太人，纲罗无数之会员，结果甚佳。黑尔池以前，虽亦有倡言使犹太人移住巴勒斯的那者，然大都为慈善之行动而非自发的行为。而黑尔池之运动，则全属自发的世界的团体的性质，宜乎世人之以此种运动，为犹太民族史之一回转期也。

黑尔池之理想，在形成一独立之国家，合全犹太人为一体。然理想与实行，距离尚远。其理由有三。第一，使犹太民族全部，弃其现住之处，西移于圣域，事属于不可能。第二，假令能使全部移住，而巴勒斯的那仅能容百万内外之人，将何以处其余大多数之同族。第三，土耳其必不承认。有此三理由，故犹太主义，结局不必为纠合全体之运动，而仅限于有自觉者及受压迫者之结合而已，不必为实行着手的运动，而仅为实行准备的运动而已。要而言之，在欧洲大战开始以前，此种主义，仅作为主义宣传之，而未必有遽见实行之望也。

然犹太主义实根据于近代思潮中之民族主义之思想而来，虽其实现尚不免有无数困难，然思想为事实之母。思潮所至，人力常莫之能御。经此次大战之后，犹太主义之前途，固有无穷之希望。其运动之发展，将有不可限量者。请得而述之。

第一，联合国元首所声明之讲和条件中，有所谓"民族自决主义"者。若此条件果为此次大战之一大目的，则讲和会议时，必受适当之处置。无疑而犹太主义，固犹太人之民族主义也。则讲和会议时，此问题之不能不加处理也，亦必无疑。故此问题之如解决，当视其在犹太人中有几许之势力为断。此种势力之大小，若以人数断之，则其在犹太人全体中似尚居少数。且即此种主义者中其财力丰富者，亦未必肯去其财权根据地之西欧或美洲而归而家于巴勒斯的那。其真能奉此主义为生命者，不过少数之染受民族思想之青年犹太人而已。故此种主义之信奉者之数，不可谓多。然此少数之信奉者，实具有满腔热诚，以牺牲的精神从事运动。所谓至诚所至，金石为开，况民族主义为时代之精神，又孰遇之者。故犹太主义之势力实不可厚非也。

次可思者，非犹太人对此运动执何态度。夫排斥犹太人之根源，果存于何所，此固以经济关系为主，亦由人种宗教上之偏见而来。依在犹太人自思所谓同化，彼辈原非所虑。真言同化实不可能，于是排斥犹太人主义，自然延久。而对于犹太人欲归故乡之运动，宁于契合而表欢迎之意。本此理由，犹太民族果欲要求于讲和会议，复归故乡，则犹太主义之将来不能无望。余固信犹太人有此主义者必出此手段。即谓奉犹太主义者，无此要求。而英国劳动党本年一月十四日关于讲和条件宣言，以非并合主义为原则，但必要求讲和会议。建设犹太国于巴勒斯的那，是不能不信其将有望也。（劳动党宣言真意果出于排斥犹太主义乎？抑多数在伦敦之犹太党人之大显势力乎？虽遽难断定，余一人意见，以为其在后者欤）

第二，英军占领耶路撒冷。英军于昨年三月以后，在米索颇达弥亚及西里亚，开始大活动，极可注意。何则？德意志之欲以柏林巴德朵铁道而行世界政策，即今兹战争之根本原因。德意志在米索颇达弥亚势力甚大，而波斯及印度不安。西里亚在德意志范围，则对于苏彝士运河，必加胁迫，而为埃及之生死问题。英国于此二地活运，实欲破坏德意志之野心。米索颇达弥亚之事姑置之，耶路撒冷之占领也，德意志殊为淡然，以为由军事上、政治上观之，耶路撒冷陷落，乃无何等价直。然夫卧西此西耶新闻之军事通信员克翁撒路莽，则谓巴勒斯的纳战争，于德意志有重要关系。曰英国征服巴勒斯的纳，是对于德意志东方政策即世界政策，而得成功。此重要之地，英国一经占领，必无再弃之事。即不自领之，欲再还之德意志与土耳其，万无其事。英国劳动党虽宣言不并合，而以巴勒斯地那为例外之事。根本理由不同，而相互照合，亦为深有兴味。英国政府对于犹太人有表示好意者，即以乌港打为其殖民地之一事，伦敦太晤士报于占领耶路克纳姆时，社论有云。……不问其流落于何地，犹太人以圣都为不可没之纪念地，彼等以圣都为其民族之天与之家，自是即为尊重宗教之中心。今土耳其破坏，苏丹不能领有圣地，流离之犹太人得以希望归还故国。于正义与公道之理想上，建筑一社会，是即暗示犹太主义实现之一证明。英国对于犹太主义之态度亦略可窥测。夫犹太主义之实现，所以困难之点，即巴勒斯的纳为土耳其领有之事。今此困难之点除去，所有希望犹太主义之将来，其将实现不远矣。

第三，露国革命。新露国以何种实质与形式而发生乎，今其产出尚难，未可轻易下此断案。然神圣露国变为自由之露国，盖已确矣。若然于此自由露国下，犹太人将受何种待遇乎，抑犹太主义得有同民族间几何感情。旧露国政府虐待犹太人，而得此结果。今若行自由政策，露之犹太民族，对于政府，何如要求，不可不思之。如前述之一部分犹太人既已试其自活运动，此亦为一方法。但此运动，名为全露犹太人大会实止欲得移住自由之运动。问题中心之波兰地方格斯特犹太人，究无关系现或无其事，尚不知之。惟知犹太人主义者，亦必为相当运动。而信现代民族主义倾向，非唤起此种人不可。果如是，则与前述理由相合。犹太主义之势力自必勃兴。

第四，为战后美国如何对于移民政策之问题。美国移民中，由露国移来者皆犹太人彼辈。虽不有移住之自由，而实以种种秘密手段移住者多。自一八八一年至一九〇八年，二十八年间，达于一百五十万人。美国于东洋之移民排斥，有种种理由，其中感情混入，所不容疑。然美国舆论不独由感情排斥东洋移民，凡人种上经济上所不好者，悉排斥之。犹太人决非美国所好，或且有呼美国将为犹太同化者。

次美国制限移民性质之一法，有视金额多少之倾向。最穷国之移民之犹太人（犹太人平均八弗七仙）制定此移民法，即倾向排斥犹太人者。战后或一时奖励之或排斥之皆不可知。然美国必不好犹太移民断可知也。美国此政策实现。犹太人民族的自觉必强而怀西翁故城之念亦愈甚。我辈追怀昔日犹太王国之盛，而欲战后能达犹太民族多年希望，再臻昔日隆盛，不能不感慨系之。

犹太人之将来[①]

译自太阳第十四卷第八号

陈启修　译

执美国七岁之小儿，而叩以威尔逊（现任大总统）为何如人，容或有不知者。苟以爱逊逊（蓄音机等电气大发明家）三字为问，则未有不知之者也。而爱逊逊固一犹太人也。侨寓纽约之日本人，容或有不知摩尔根为美之第一富豪者，然未有不知玺服之为财神者也。（玺氏尝为日本政府募集公债而大成，明治帝以是酬之勋二等旭日勋章）而玺服固一犹太人也。英国七岁之小儿亦识比根士费尔德公之名，而公固一犹太人也。德意志七千万之国民，当无不知统一德意志之维廉老帝者。苟知老帝即位于出征法兰西阵中之马耳塞离宫，即无不知当日代表德意志国民而献帝冠于老帝之金家其人者。（德意志帝国议会最初之议长）而金家固一犹太人也。游意大利而欲于故宫残础之间，凭吊往昔，吟哦过去者，低徊既久，昂首四顾，则见烟息林立，烟雾四塞，盖有不胜今昔变迁之速，彼时之都而遂化为近世工业地之慨者。辄就途人而问之曰，使意大利为经济的复活者，谁之力耶。则对曰，卢查治相国之功也。而卢查治固一犹太人也。世界之现在及将来，必且为形而下之电气时代及航空

---

① 编者按：《犹太人之将来》，太阳第二十四卷第八号，陈启修译，选自内务部编译处编译、吴贯因校阅：《欧战期间杂纪　政治思潮纪》，北京：内务部编译处，1919 年，第 205~226 页。

时代，形而上之民本时代。信然。则造成此等特世之英雄，如形而下者，则电学开山之祖为海因里希党路尺。创造飞行机，使人得以乘虚鸟瞰于大空，而一己亦以身徇其发明者，则为李里烟太。形而上者，则彼首唱社会运动之拉沙儿及马路克士，盖孕生世界近世史之真英雄也。然而前者之黑儿尺及李烟太，后者之拉沙儿及马路克士辈，举为犹太人。亚过去现在未来之三世扶植大平等之观念于人类之心理中之耶苏基督其人者，亦一犹太人。呜呼，伟哉，犹太人；大哉，犹太人。

犹太人诚伟矣大矣，而国亡二千年。子子孙孙，飘泊于世界之东西。一千万之犹太遗民，俱有无枝可栖之叹者，则与故何欤，益一不可解之谜藏也。加内义之侠肠，世界无不知之，仅创立图书馆于全球一举，所投金额，不下八千五百万元。尚有较此举更豪者，则希路修男爵，投九千万元，俾其同胞得移植于全世界是也。而是二人者，固亦犹太人也。然居恒犹太人以强欲，贪财，刻薄，吝啬。卑劣诸恶德闻于世，则此谜益不可解矣。逮欧战大起，西部战场法军中一犹太人出身联队长竟私率其所部及军械之全部，投降德军。当交付大炮既毕，己亦将赴敌营之刹那，忽为部下所觉，由后方浴以铳火，卒毙于本军弹雨之下。闻之者必将曰卖卯翼一己第二之母国①。此等见利忘义之徒，真不愧为曾以银饼三十枚遂卖其恩师耶苏基督于敌者，古犹达之子孙也已。犹太人之见排斥于世界，宜哉宜哉。而一方面则此次欧战之前，隶英国海陆军军籍之犹太人，不过五百。宣战之后，英人争避就兵役，逃赴远东诸国。而犹

① 原文如此。——编者

太人之应募入义勇队者，转眴而达万人以上，占留英犹太人二十分之一。其赴义若渴之勇，反较与本国人为盛。则闻者不又变易前说，而极赞其不愧为古达必迭之贤子孙乎。由前例观之，似不肖。由后例观之，似贤。贤欤，不肖，其真不可解之谜欤？疑而莫能释，惑而不求解，是学者之耻也，愿努力为诸君解释之。

第一曰犹太人在世界上之地理的分布

此章本当依地理的顺序列记之。然以便于后章解说故。特随意详述。

英吉利（除爱兰）	二七〇、〇〇〇人	北美合众国	一、九〇〇〇〇〇
法兰西	一〇〇、〇〇〇	加拿大	七〇、〇〇〇
比利时	二七、〇〇〇	合计	一、九七〇、〇〇〇
葡萄牙	一、〇〇〇		
直布拉挞	一、五〇〇	墨西哥	一〇、〇〇〇
意大利	三七、〇〇〇	其他北美	一〇、〇〇〇
塞尔维亚	六、〇〇〇	南美诸国	一〇、〇〇〇
希　腊	七、〇〇〇	美洲合计	二、〇〇〇、〇〇〇
合　计	四五〇、〇〇〇		
		亚细亚土耳其	二八〇、〇〇〇
奥大利	一、四〇〇、〇〇〇	亚细亚俄罗斯	一二〇、〇〇〇

匈牙利	九〇〇、〇〇〇	波斯	四〇、〇〇〇
勃牙利	二五〇、〇〇〇	阿富汗泥斯坦	二〇、〇〇〇
欧罗巴土耳其	五〇、〇〇〇	印度	二〇、〇〇〇
德意志（除亚罗西洲）	六〇〇、〇〇〇	荷领印度	一〇、〇〇〇
合　计	三、二〇〇、〇〇〇	中国、日本、其他	一〇、〇〇〇
		亚洲合计	五〇〇、〇〇〇
欧罗巴俄罗斯除波兰波罗的州	三、八〇〇、〇〇〇		
波兰	一、五〇〇、〇〇〇	摩洛哥	一七〇、〇〇〇
波兰诸州	一五〇、〇〇〇	亚鲁遮利亚	七〇、〇〇〇
罗马尼亚	三〇〇、〇〇〇	秋尼斯	八〇、〇〇〇
勃斯尼亚赫儿哥查比拿	一〇、〇〇〇	脱里勃力	二〇、〇〇〇
亚鲁沙斯罗鲁兰	三五、〇〇〇	埃及	五〇、〇〇〇
爱兰	五、〇〇〇	杜兰斯哇	二〇、〇〇〇
荷兰	一二五、〇〇〇	好望角植民地	三〇、〇〇〇
瑞士	一五〇、〇〇〇	其他	一〇、〇〇〇
士堪的拿维亚	五、〇〇〇	非洲合计	四五〇、〇〇〇
西班牙及其他	五、〇〇〇		
欧洲合计	九、六〇〇、〇〇〇	澳洲等	二〇、〇〇〇
		总计（世界全体）	一二、五七〇、〇〇〇

综上列人口表言之，则犹太人分布于世界之人口，欧洲约一千

万，美洲约二百万，其他一百万。说计约一千三百万人或与巴尔干三王国（勃牙利、塞尔维亚、希腊）之人相伯仲，而以视士堪的拿维亚三王国（瑞典、挪威、丹墨）之人口，尚多二百万。夫以一千三百万之一民族，理论上当然可以自成一国。突则散处五方，别无王长，是果能统而为一否乎？此让者所应记取者也。

犹太人之特长（将棋最为得意）

凡欲觇一国民或一个人之特性，观其所爱好之游戏可知也。何则？爱好所以示其倾向。远习与性成，而工巧随之，即所谓特长者生焉。日人好角，而角力遂为其特有之国技。犹太人爱将棋，因之世界将棋之名手，常出其中。而将棋颇须有洞观大局之明与夫临机应变之智，精微深刻，卒成为犹太之天性。

当欧洲中世，风气二分。一则极端迷信基督教义，一则崇尚武功，由封建制度而产生豪侠自善之骑士。阶级虽与平民有天壤之别，然以贱商故，其嫉视爱钱如命之犹太人之心理则一也。于是乎遂启排斥犹太人之渐。

排斥犹太人

犹太人之受排斥，决非偶然然。犹太人以四[①]受排斥，仅局促于杰德区域之一小天地，与一般社会之基督教徒，全然孤立之故。于其专有之小天地间，而其将棋的才能益以精微深刻，施之于商场。与彼迷信宗教之民众相角逐，大有当之辄靡之势。以利息生利息，致一般社会之金钱，皆流入犹太人区域之内。杰德区域，即事实上之铜山金穴矣。犹太人既如是善贾多财，虽其土地所有权为各国所限制，然以不事生产豪侠自喜之骑士，逮夫生计日窘之际，势不能不向犹太人借债为活。犹太人即有挟而求，强要以土地为抵押。骑士之贫益甚，则所抵押之土地益广。此辈由祖先传来历史的领土，逐渐为犹太人囊括中物。于是以垄断金权之犹太人，并兼有大地主之名矣。东西各国群呼之为"吸血鬼"者，盖为是欤。

世人既恶之而复畏之。数百年间，排斥相继。直至十九世纪，而犹太人之势力乃益固。因前世纪后半期，产业上之革命，蒸汽电气等理化学之应用顿形发达，大规模之事业连续勃兴而资本之需要日急，遂不能不低首下心，以求于杰德金穴。故最近代期所有有利之商社制造所，其股东弥望皆犹太人。于是前此世人所排斥之"吸血鬼"一变而为全世界所崇拜之财神。

复以十九世纪前半期，经拿破仑战争之后欧洲诸国俱告穷乏。

---

① 原文如此。——编者

至后半期，各国因维持扩张其势力故，需财尤亟，乃竞相募集大公债。然除求诸犹太人金穴而外，别无善策。至是即各国之君主或大政治家，亦不得不相率跪拜于犹太人金穴之前。而犹太人罗夺喜路德家（赤楯家）之一颦一笑，皆成为国际的关系原动力矣。罗夺喜路德家之先祖，于十九世纪初叶，尝承受丹麦政府之大公债。其长子守德意志法兰克富路德市之宗家，次子移住维也纳，为奥大利罗夺喜路德家之祖。三子移居伦敦，为英吉利罗查路德家之祖。四子移寓拿破利（涅蒲路士），为意大利罗夺喜路德之祖。末子则移家巴黎，为法兰西罗起路德家之祖。弟兄五人，俱长货殖，由奥帝授为男爵，而各尽瘁于其移住之国。其移居英国之第三子，至拿破仑战争之际，已成为英政府之金穴矣。当俄帝亚历山大第三世委托募集公债事宜于德之罗夺喜路德家之际，适俄国发生大虐杀犹太人之事。罗夺喜路德家遂立即谢绝其委托。俄帝情憋异常，而未如之何，卒改委托于法兰西之财团，是后法尝数应俄之大公债。所谓俄法同盟者，盖即基因于是。自此以后，罗夺喜路德家之一颦一笑，遂全为国际的影响。其势力之伟大，有为想像所不及者。于罗夺喜路德家之外，其握大金权者尚多。俾斯麦尝曰，普奥之役，金融界俱厌忌战事，吾之能卒破奥大利者，实犹太人银行家布赖希罗儿迷鲁之力也云云。十九世纪后半期，犹太人势力之雄视于财界及国际者，从可知矣。如斯每经一次大战役犹太人之势力即加一层巩固。普法战后，法国财政上之恢复，犹太人之功实不可没。即战胜国之德意志因战后百业勃兴之故，亦十九有负于犹太人。世人由厌恶畏惧，而生羡慕崇拜，厥后渐变而为嫉妒怨望。尤以视集中资本为大罪恶之社会思想，已勃然于此时。而反对此种新气运之僧侣，其嫉视非基督徒之犹太人，亦极深刻。新旧两思想界虽大相悬绝，然其排斥犹太人之心则一也。

排沁密梯克运动

此顶新名词，发现于欧洲之一角。由甲国而乙国由乙国而丙丁戊国，辗转流传，其势至速。先是一八八一年，基督复活祭之夜，俄罗斯国内，有高呼犹太人是夕曾用基督教徒之血，以制祭典用之面包者。众怒忽起，倏变而为虐杀犹太人强奸犹太妇女，焚烧瓦路沙瓦·阿逆沙等，一百六十七都邑之惨剧。其变横盖为十四世纪以来，六百年间所未见者。其次则为明年四月，匈牙利之一寒村，有基督教徒之少女耳斯铁缘梭比摩西者，忽失踪迹。即有狂呼为犹太人所诱拐屠杀之者。于是匈国亦起排沁密梯克运动。又次移于邻国之奥大利，更次移于法兰西。即彼有名之夺列弗时事件是也。一八九四年，法军中有嫉视犹太人之荣达者，乃伪造犹太人之炮兵大尉夺列弗时私卖法国战略上机密于德国之书信。道路传呼，人心鼎沸。一八九四年至一八九九年之五年间，排沁密梯克运动遍于全国。

排沁密梯克运动，既如上述。于是犹太人亦不得不出于自卫之一途矣，以为毕竟因无土可守之故，致到处受人虐待。宜获新土，据以建国，以谋根本上之抵抗，而"再建犹太国"之运动大起。

几阿尼斯德运动

几阿尼斯德者，"几翁之徒"即指企图再建几翁神殿之徒也。几翁神殿为基督教降生前一千年达必迭士所建所，谓犹太人之宗庙者是也。欲再建三千年前之几翁神殿即暗示欲再建犹太国。由犹太爹阿杜烈吓尔尺路（一八六○至一九○四年）心血中涌出者也。盖犹太国之再建，为犹太人二千年来之希望，其间几经擘画，然皆以由宗教的起缘，而非组织的，故屡试屡败。然有维也纳之新闻记者吓尔尺路者，见奥大利国会议员陆续由标榜排沁密梯克之人当选，慨然以为吾同胞之犹太人，毕竟不能同化于欧洲之天地，于是遂提唱"几翁之再建"即再建犹太国于故土。是（扒列士提拿）且已着手实行矣。

"再建犹太人国"之首唱者吓尔尺路死于一九○四年，行年仅四十有四，为故国再建之故心血溅尽矣。而继吓氏之志而起者，大不乏人。如在扒列士提拿葡萄栽培事业所投之资本约五百万元，密柑栽培八百万元，巴旦杏、橄榄等之栽培二百七十万元，建筑物、灌溉事业等四百万元。云盖"再建犹太国"之开始以来三十二年，其实行程度，已至于此，则其事业之已有眉目可知矣。首唱者及干部之努力，犹太人富豪之慨助。计其所捐之资本额与投入资本额相比较，则犹太人移住之数，尚不可谓多也。但押花港、耶路撒冷，偕发港一带，犹太住民已达十万。且自"再建犹太国"事业开始以来，其境遇已日见改善矣。然此十万人中，移住者究居最少数（十分之一·五）。溯自亡国以来二千年，其农牧国民之特性，已日就澌灭，惟以经商放债银行业等金钱事业为事。倘今日散处于全世界之一千三百万犹太人，多不欲土着归农，而仍以金钱事业为事者，则犹太国之再建，其无望已夫。

再建犹太运动之沮丧（一）

因此番欧战，致引起再建犹太国运动之沮丧者，理由有三。元来此种运动，由俄罗斯虐杀犹太人而起。厥后寄居俄国之犹太人，三五成群，相率而迁避于扒列士提拿之故土。其首唱者吓尔尺路系奥大利产之犹太人。而捐助义金者，则为德意志产之犹太人希路修男爵。设本部于伦敦。自罗查路德家始，英国产之犹太人，专任部务，而美国亦有多数之会员。然则此种运动，事实上为全世界犹太人之运动，非局限于一隅者可比。故共总会，由第一回以来，多开会于瑞士国。自欧战勃发，犹太人自以为此直二千年以来所未有之机会。民国六年十二月，英军占领耶路撒冷（圣都，太古几翁神之所在）。犹太人闻之，以为几翁再建，此其时矣。几阿尼斯德之委员，遂向英之首相外相等请愿，谓耶路撒冷为犹太故土，宜仍归犹太人云。即耶路撒冷等处，原为土耳其领，而居于德人之所谓三B政策之圈内者也。英军既战胜土德，而获此土，方谋驱逐土、德前此所之势力。恰值犹太人锐意再建政国之会，一则关于战后财政之整理，财源之开发，及创痍回复后之诸经营，不能不怀柔金穴中之犹太人。二则欲驱逐德之势力而以英国代之，不能不欢迎犹太人之请愿。先是一月，前英外相当声明英政府对于几阿尼斯德之运动，当尽最善之力以后援之。英国皇帝佐冶第五世，亦引见犹太人之委员，以示敬意。于是从前纯粹世界的几阿尼斯德运动，一发而为英国之色彩矣。借令不全为英国之色彩，然法意希塞诸国，既声明后援，而美大总统威尔逊复有"在土耳其领内之非土耳其人不可不期自由独立之发达"表示因之喜府。士脱老斯等犹太种之美国富豪，争输义金。本年六月二十三日，美国披尺巴古所开之大会，为联合军之运动，而非世界的运动矣。即比之在瑞士所开第一回之几阿尼斯德会议，已面目全非矣。

犹太国再建之成否

此项问题之解决，一视联合军之胜败而定。倘胜利者为德意志，则从来为土耳其领之扒列士提拿。彼左右土国之青年土耳其党，岂容犹太人酣睡于其卧榻之侧，况欲建立一带英国色彩之犹太国于此哉。然假令联合军战胜者，虽犹太国再建于扒列士提拿一事，必得联合军诸国之保障，但此种运动当欧战正酣之候，专由英国产之犹太人当之，其次则美国产之犹太人亦殊尽力，其为德奥产之犹太人所不怿者势也。计在联合军诸国之犹太人。英法四十五万，美国及加拿大二百万为主，约二百五十万人，而居于德奥之犹太人则合德之六十万，与奥匈之二百三十万计之，与其他合计，亦不下三百二十万人。两间人数略相匹敌，且德奥居多数。且对于此种运动，发生乖离之象者，不待卜而后知矣。由是言之，则以后无论此次欧战之胜利谁属，而几阿尼斯德之运动，必将因此役而沮丧，盖可断言。故前此英之占领耶路撒冷，与美大总统之声明民族自治，虽对几阿尼斯德颇有奖助之效，然其反面，转足以沮丧之也。

再建犹太国运动之沮丧（二）

所以沮丧者，因运动其物之动机已失也。推源此种运动之缘起，则当排沁密梯克运动之勃发于欧洲诸国也，以俄为最烈。犹太人自以为因无可据之国土故，致为四周所排斥，乃相率三五成群。移住扒列士提拿之故土，以启其端。而吓尔尺路亦有犹太同胞卒不能同化于欧洲之叹，慨然以"再建几翁"为己任。此种运动，遂成为具体的事实矣。然欧战解决后，世界必益倾于民主化，而实行庶民主义。虽今日相率以军国主义，而支拄危局，然军国之后盾，即在增进庶民之势力，扩张庶民之权利。各国战后，势必一观同仁，与犹太人以同等之权利无疑。盖战后各国，必锐意恢复创痍，经营百业。而金穴中之犹太人，必愈受各国之尊敬。犹太人愈得意于各国，则其归耕扒列士提拿之爱乡心必愈减少。即如俄国，当帝政官僚时代，犹太人虽大为所虐，时至今日，局面一新。彼劳兵会之首领脱洛机者，非犹太人耶，三千委员（劳动者兵士委员会之委员）中，而犹太人竟居其泰半。今日居俄之犹太人，已完全赢得居住营业以及其他之一切自由矣。由是观之，则几阿尼斯德运动之动机，即在无土可守，致为人虐，而今则并此动机其物，根本的丧失净尽。是亦再建犹太国沮丧之一原动力也欤。

再建犹太国运动之沮丧（三）

虽然，有较诸以上所述二原动力为更大者，即与犹太人之教育及智识之进步为反比例。对于犹太之典故犹太之故土犹太之国语之感情日益减退是也。所谓几阿尼斯德之运动云者，即指几翁神殿之再建，希伯来语之复兴，犹太教之复活等之精神也。有精神然后有生命。然而散居全球一千三百万之犹太人，仅居于东欧（俄加里西亚，土），阿非利加亚细亚者，尚保有爱犹太典故·故土·语言之美质。其他半数，早已数典忘祖，乐不思蜀矣。即间有爱犹太之犹太人，又类皆居于环境荒鄙之中，非劳工即无资力之小商人，或无世业之游民耳。从是教育及知识之程度甚低，而生产率乃达千分之三十乃至四十以上。其与基督教徒通婚嫁者，尚不及百分之零乃至二而已。至于改宗基督教者则更寥寥无几，不过万分之零乃至二耳。然英美罗马尼亚，亚路沙斯，罗路兰等处在住之三百万犹太人，多半为确实之职工与商人，渐有同化于基督教之势。而其生产率则减退至千分之二五，乃至三十。与基督教徒结婚者，则增进至百分之二乃至十云。但其余之三百万人，即居住于德意志者（收入确实之中流社会）或各地之犹太富人，其中之曾受大学教育者，生产率烦减至千分之十五乃至二五。而与基督教徒结婚者，则加至百分之十乃至五〇之多。其改宗基督教者亦达万分之五乃至四〇也。

证诸以上之事实，则教育知识、财力愈低者，其爱犹太故物之心益切，而其生产率亦愈高，反是而教育、知识财力之愈高者，其爱犹太之心乃愈淡薄，而其生产率亦至不振。此真"再建犹太国"之一大阻力也。

对于"再建犹太国"既有以上三种沮丧之原因，则向后之发展，恐不能如几阿尼斯德自斯之远大。虽英国占领扒列士提拿一事足使犹太人大开生面，然如犹太人之理想，欲造一金世界，犹太人之国家，则不过一种梦想而已。盖所谓新犹太国者分善恶两派，善者为爱犹太之青年、慕希伯来故典之老人，与有终世的眼光之志士。其恶者则为由俄国移住之无知团体与夫职业不定之人，及小投机家也。

由是言之，几翁之再建，不其难乎。虽然前途一线之光明，尚有马克别安斯协会在马克别安斯协会之启发运动。

马克比者，基督降生前之衣诗拉耶路之英雄也，尝率六千子弟，恢复衣诗拉耶路之独立。其生平言行之豪侠，于世界史上，足与二千年后意大利之加里波的相仿佛。马克别安斯协会也者。即现代之犹太人欲借彼古英雄之名以嵩进犹太民族之品性，促致犹太民族之道德的自觉而设者也。而其在伦敦之团体，于世界中尤负盛名。

犹太人在太古时代大人物辈出，如耶苏基督，如马克比，如琐罗门，如是达比迭皆也。其在近世，则世界第一之慈善家希路修男爵者，亦犹太族人。然而国亡二千载，子孙漂泊于世界，无处不受讪虐，其品性亦因之而递降。其品愈下，斯四围之讪虐益烈。于是因对抗排沁密梯克运动之故，遂有斯会之设。

世称犹太人之狂罪，比基督教徒多七倍，而为利处刑者居最多。然犹太人之学者，则谓因犹太人职业上之关系所致，今日吾辈居远东者，颇难搜集统计之资料，不敢妄判曲直。今姑就美国加州移民局所调查者，揭而出之，以供参考。

公共的救助之百分比例

日本人……………………〇·〇〇七

士堪的拿维亚人………〇·三〇〇

爱尔兰人…………………〇·五二〇

南意大利人……………〇·七三〇

希腊人……………………〇·八一〇

德意志人…………………〇·九九〇

波兰人……………………一·〇四〇

犹太人……………………一·六二〇

观是，则虽在新世界之美国，而犹太人一旦无钱，便乞公共的救助，一旦起家则复耸肩昂首，傲然以黄白骄人。然则未来之希望，仅增进品性足以击之而已。而马克别安斯协会之事业，即以嵩进犹太人之品性为主旨，今其事业已日盛，则可为未来犹太人发展之原动力者，斯会而已。

大战后之经营全恃犹太人之"金穴"

倘犹太人之品性能嵩进，则战后经营，舍其人将谁属。信然。

则犹太人势力，必日趋伟大无疑。今欧洲交战诸国。一日几费三亿，美国一日亦费一万万圆。战后列国，整理财政，开发财源，回复创痍，在在均需巨款。非向铜山金穴求之，不可得财。而"金穴"云者，即犹太人也。犹太人不仅能集财，并长于采算，敏于活用。此其所以能为黄金密集之金穴也欤。

现代世界中最机敏之国民，东半球必首推德意志，西半球必首推美利坚。故对于战后之经营，而未雨绸缪，早已着眼于犹太之"金穴"者亦为德美。一曰恺撒，一曰路德。真慧眼人哉。

由是言之，犹太之前途至远大也。纵不能如彼中一部人士之理想，而再建犹太国。然一面嵩进品性，一面扩张"金穴"之势力范围，则战后之世界，犹太人必划一新纪元，而成其大无疑矣。

以上所述以三则约而言之如左（下）：

一、犹太人者。原为世界上稀有之优秀种族。然国亡二千载，漂泊于世界东西之余，其利殖之才虽日增，而其品性之格乃愈下。故排斥之后，益受排斥。

二、于是犹太人中乃发生两种有力之团体。其一则企图再建犹太国之几阿尼斯德。为具体的，其一则期在嵩进犹太人之品性之马克比安斯协会。为精神的，前者因有沮丧之具体的原动力三者不能实现创立当初之理想。然向后假以岁月，或能相当发达。后者今后必曰有势力。要之。则两者皆于犹太之未来，有多大贡之献者也。

三、欧洲大战乱之后，列国各自财政之整理，财源之开发，创痍之回复诸经营，皆不能不仰给于治动的金穴之犹太人。故犹太人实有绝大之前途。然则有经世之志者，不及今留意于世界的治动金穴，而与犹太人握手，则将来其国财政前途之光明微矣。

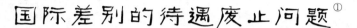

国际差别的待遇废止问题①

经济论业二月号

陈启修　译

一、差别的待遇否认之根据

现今之世界组织，包含种种祸根，夙为志士仁人所痛心。各国识者，咸主张乘此次大战终结之机会，在平和会议创立诸国民共同生活上之新原则，以革旧弊。此种新原则之精神，在以各国民间平等生存权之互认为基础，使各国民各能自由发展其特有之能力，而行最大之贡献于人类全体之进步。现今世论沸腾之国际联盟，必须筑于此种新原则之上，始有意义。若仍以从来之国际共同生活关系为基础，则国际联盟必流为强大国利用弱小国之具。苟如是，则国际联盟不惟易招世界多数国民之愤懑反抗，且具有左右小国势力之强大国之间，亦必发生丑恶之竞争。驯至搅乱世界之平和，重受战争之惨祸也。

使各国民互相承认尊重其生存权，勿令二三强大国以人类全体

---

① 编者按：《国际间差别的待遇废止问题》，经济论丛二月号，陈启修译述，选自内务部编译处编：《世界大势》第 1 号（第 31～37 页）和《世界大势》第 3 号（第 57～69 页），北京：内务部编译处，1919 年。

之福利，供一己野心之牺牲。此种国际的庶民化之原则，具有理论的及历史的根据，不可厚非。而怀抱反动的复古思想者流，往往视之为空想。殊不知国际的庶民化之事实，系从有史以来，逐渐实现者。而事实上近代各国国内之庶民化，尤为此种原则之根柢。盖国内庶民化之完全进行，必有待于国际间之庶民化。而国际间庶民化之能否，亦必视国内之庶民化为消长。故当此之时，各国民若真正觉醒者，则平和会议上此种原则之确立，决非难事也。而欲行此原则，第一必须打破武力的及经济的帝国主义，第二必须对于各国民行一视同仁的公平待遇。易词言之，即不可不除去从来所行一切不合理之差别的待遇。

二、政治经济上之差别的待遇

国际间差别的待遇，大别可分为三种。第一，因政治经济上利害关系之不同，而设亲疏之别。第二，因种族之异同，而有厚薄之分。第三，因先进国或后进国之不同，而行平等或不平等之交际。从前第二种与第三种，无有区别。有色人种，皆作为后进国，而附以差别的待遇。及挽近国际庶民化之倾向，渐次显著。日本勃兴于有色人种国之中，而入于世界共同生活之内。于是第二种与第三种之区别始生。

第一种差别的待遇之中，复分二类。一为由通商条约而起者。一为由同盟条约而起者。

由通商条约而起之差别的待遇，在各国采用自由贸易主义之时，理论上当然无从发生。特事实上互有密接关系之国家之间，经济交通，格外频繁，常有特别互相扶助之事。其状恰与在无条件最惠国主义之下，采用所谓学理的关税分类法。对于特定国家，特保密接之关系，以行保护贸易之实者相似。然此种密接关系，不得视为故意排斥他国而生者，故他国亦不得视为差别的待遇而反对之。由通商条约而生之差别的待遇，唯在从前盛行之相互主义之下，或在今日行于南北美诸国之附条件最惠国主义之下，始克发生。此种主义，实与确立国际平和之意相反，此次平和会议中不可不极力反对之。务使各国俱采用最惠国主义，方为适当。不可骤然对于各国强行自由贸易。盖现在各国经济发达之程度，颇不齐一。若遽使各国一律采用自由贸易，则先进国经济上之势力，常足妨害后进国经济之自由发展，反非所以增进人类全体之利益也。欲使后进国不受先进国经济上之压迫，必当使后进国有施行相当的保护政策之余地，而又不宜使其趋于极端之保护，发生帝国主义之危险，故以无条件最惠国主义为最相宜。因此主义既不便于行极端之保护贸易，又非纯粹之自由贸易主义也。至于相互主义实为重商主义时代之遗物，在昔排外的侵略的竞争公行。经济范围狭隘之时，或可适用。而在国际交通频繁经济范围涉于全世界之今日，则万难适用。若勉强行之，其结果必使世界经济之秩序，陷于混乱之境也。

次就同盟条约观之。今后各国若果皆能抛弃帝国主义，实行真正之平和交通，则此后之世界，无政治同盟之要，自不待言。且国际联盟，若果成立，则此后亦必不许二三国之间，成立特别政治同盟。故兹所当研究者，为经济同盟，即关税同盟。由理论上言之，二以上之国家，于政治上不能遽合为一邦，而经济上又有合体生活

必要之时，暂结关税同盟。以为政治上平等合邦之先驱。此事本属
正当。他国对之，自不得倡异议。惟名为关税同盟，而实则为一种
独占政策，如大战前各国所主张之关税同盟。例如中日关税同盟
等，显系一强国欲先独占与其邻国通商之权利，而后行政治上之合
并，纯出于帝国主义者。今后之世界，当然不得承认其存在也。目
下德奥及巴尔干各邦，方在解体之时期，此后如何分合，虽难预
料，此次平和会议上决不能容二三强国自由划界，而行帝国主义。
盖既承认民族自决主义。新国家之组织，以各地住民之意思为基
本。则此后各邦，必依文化上政治上及经济上利害关系之之异同，
而行自然之分合，更无缔结关税同盟之要也。然一方面当主张各国
家自然之分合，以绝扰乱平和之种子矣，一方面事实上又有缔结一
般的经济同盟之要者。何也？以各国俱设高率之关税。互相妨害自
由之交通故耳。故今后纵不宜行一般的自由贸易，亦不可不缓和保
护贸易之强度。

　　日本本土与台湾朝鲜之间，不问关税制度如何，其经济关系非
常密接。合而为一经济单位，其状与日本本土与北海道之关系无
异。如此者自无问题之可言。然母国与植民地间之经济关系，不能
似此密接之时，若设特惠关税制度于其间，以图发生人为的密接关
系，如英国与其自治植民地间从来所实行，则大与谋世界永久平和
之意相反。英国此制，从前仅行于英国与其自治植民地之间。然英
国今日之帝国主义家，则欲推行于非自治植民地之印度，且从前之
特惠税，仅为植民地方面之片面的制度，今亦欲改为双务的制度。
此种议论之发生盖由于战争以来经济自给自足思想之勃兴，固弗足
怪。然特惠税制度之必要及其可能之理由，第一在各自治植民地采

用极端的排外保护策，第二在各国皆热中于保护主义，今后世界之不能行极端保护主义，前已详言之。是特惠税制度已失其必要及可能之根据，何况自给自足策之足搅乱平和，殆与军备扩张策相等。今后各国而真有希望永远平和之意者，一面当排斥军备扩张策，一面又不可不排斥自给自足策也。若英国主张特惠税制度，谓此为己国内部关系之处理，而不许他国容喙，则吾人不得不疑英国对于永久平和之诚意。至于法国之对安南所取政策，尤为帝国主义之结晶。法国与安南之经济关系，本极薄弱，乃强编入法国本国关税区域之内，而排斥与安南经济关系较厚之他国，尤薄待日本，较待其他欧洲诸国为甚。此其不重安南之经济上之利益及发展，可谓彰明较著矣。从来各先进国一方面，或将远隔本国之植民地，编入本国关税区域之内，或用特惠税制度之法，使本国与植民地发生特别之关系，以使在法制上视本国与植民地为一体。而一方面，当与外国缔结通商条约之时，则置植民地于条约适用范围之外，又若视植民地为非己国之领土者然。实可谓无责任之极，今后不可不纠正之。又今日美国视其本国与远隔大洋之非律宾岛间之航运，为沿海贸易。俄国亦视其黑海沿岸与其西伯利亚沿岸间之航运，为沿岸贸易。皆限制他国之自由航行。英国之政论家，亦有主张对于英国在世界上所有植民地之全体，适用沿岸贸易之原则者。凡此皆为帝国主义之发现，与海洋自由之思想不合。吾人为谋永久之平和计，务当除去此种差别待遇也。

三、人种上之差别的待遇

国际上常有仅因人种的观念，而设差别的待遇者。其例甚多，而以排斥有色人移民之制度为最著。盖以排斥有色人移民之白种人诸国，大抵本属新开之国，富有容纳移民之余地。而徒因人种的观念，乃独宽迎白人之移民而拒绝有色人种也。夫世界之上，人类群居，林林总总，其类綦繁。因缘结合，而成国民。凡国民不但有经营独立自主之团体生活之事实，且皆有经营之权利。此种权利，盖属天赋，为各国民所固有。准此以谈，则能容纳移民之新地方，固不当拒绝移民之输入。而人口过多之旧地方，亦不当受门户开放之强制。盖前者行拒绝则将有独占天然富源侵害移民权利之嫌。后者受强制，则不免有因移民而受既得权利之损害之虞也。故以本国人口过多为理由，而拒绝外国之移民。如日本之对于中国及朝鲜之劳动者禁止入国，虽尚不为无理。而仅以种族之不同为理由，而实行禁止移民。如英美之对于有色人种，禁止移民往澳美二洲，则实乏正当之根据也。

美国及其他新开白人种诸国，每年收容多数之白种移民。而对于有色人种之移民，则拒之惟恐不力。其所主张之理由有二。一人种的观念。二社会政策上之理由。前者出于感情之作用，纯属偏见。其不合理，不待多言。主张后说者，每谓白种劳动阶级之生活程度，较有色人种之劳动阶级为高，若使二者并处而行自由竞争则生活程度较高者，将不能维持其现在之生活。其结果必发生种种障碍，使白种社会改良之政策不克实行。此不独于白种社会。大有不利。且生活程度之低下即不啻文明之退化。故即由人类全体之进步观之，亦有不利。此说也，似辩而实不衷于理。盖白人种并非生属天骄，乌容有独居于贵族的人种之地位之权利，而否认有色人种之平等生存权。世界之天然资源，又岂专为白人种而设。凡属人类固应同有享受利用之权利，此有余而彼不足，夫岂理之得当者。且今日白种人之领有广大未开富源者，亦非生而如是。实以强暴之武力，驱逐原有土人即有色人种而占据之者。因此之故，今日有色人种常感物资之缺乏及生活之困难。其社会的地位，殆有日益低下之观。欲救济之，舍移住于物资富余之白种新国外，盖无他法。夫皮色虽殊，其为人类也则一。今欲谋人类全体之进步，而顾一则升诸天，一则坠诸渊，亦见其徒托空言而已。譬如欲谋一国全体生活之幸福，断未有不顾贫民阶级，仅顾富有阶级之利益，而能达到目的者。诚以社会组织浑为一体，组成各员。关于全体之福利祸害皆有连带之责任也。假令因有色人种移民之故，白种国民暂时不得不受些少之不利，为人类全体进步计，犹当忍受。况白种国民所忧虑之各种障碍，固有法除去之乎。例如劳动时间之限制，及最低工资之限制等，皆为白种社会现行之制度，行之而有效者。谓可行于白种劳动社会，而不可行于有色人种，劳动社会无是理也。今不讲究防止弊害之方法，而徒禁有色人种之移民，可知其主张之理由，全出于感情之作用，而非有论理上之根据。律以世界上各民族各人种皆有平等生存权之大义，宁非悖理，不仁之尤。盖以生活程度较高为理由，而排斥生活程度较低者。犹一国之内，男子以生理的优越为理由，而压迫女子。及高级劳动者，以文化的优越为理由，而排斥下层劳动者。皆同一不当也。

仅由日本直接之利害言之，移民排斥问题并不重要，不能与诸大国之原料自由输出问题同论。盖人口稠密之国，虽可依移民出外之法，稍稍缓和人口过多之压迫，然一国人口过剩之问题，决不能因此而见解决。此移民诸国之经验所明示，无可非认者。且一国人民移住新地之后，在理应努力与新地旧有之人完全同化，以成新社会之忠实分子，而不宜恋恋于故国。否则必旦不为新社会所容，既完全同化矣，则对于移出国之利益，宁能直接有所增进。盖移住之本来目的，在移住人个人之向上，而不在移出国国之增进，势固不得不如此也。故日本人之移住美国，不惟于日本国家无益，或且有害，亦未可知。例如日本人移住美国后，若在美国兴起养蚕制丝之事业，则日本对美国之输出贸易必且大蒙不利是也。由是观之，日本对于美澳二洲，纵能移民，在日本国民经济上，亦不能谓为有利。然而日本犹极力反对有色人排斥制度者。以此种制度存在一日，即世界之真正平和，不得不迟一日实现耳。盖白人种若不废此制度，并抛弃贱视有色人种之态度，则白人种将永无尊重有色人种理解其特有文化之日。苟如是，则今日国际联盟之组织，适足为白人种压迫有色人种之且。虽或能有利于白人种全体之帝国主义。而非所以言于增进人类福利之机关也。

反对人种的差别待遇之举，必其目的在谋人类全体之和平及进步。始可是认故日本国民，对于移民之观念，不可不大加反省。从来日本人往往以移民他国为一种领土之扩张，视移民为帝国主义的侵略手段，此大误也。根本思想若此，其被排斥也固宜。往者已矣。嗣后此种思想，必当绝对抛弃。否则德意志之覆辙，恐将不免。德与英法，连战四年，势力优胜，而卒一败不起者，实以美国参战之故。而美国参战之真因，实在绝减美国内德族移民之危祸。盖德族移住自由之新天地以后，仍眷怀故国。而思有以救其危难。而不知此种思想，适足引起美国国民自卫之心。而致祖国于覆败也，他若日本之丑业妇，跋扈于世界之上，紊乱各国之风纪，日本奸商在南洋等处肆行欺诈的交易，使消费者蒙意外之损失。凡此皆与移民之本义相背。日本国民，不可不注意也。

四、对于后进国之差别的待遇

先进国对于后进国之差别的待遇，多出以治外法权，及片务的通商条约之形式。日本自幕末以后，备受此种不平等待遇之苦痛，屈辱累数十年。日本国民全体因欲与先进诸国，行对等之交际，万方努力，谋有形及无形之进步，仅乃获形式上之对等待遇。而实质上通商税率之协定，犹不免带片务的性质。故此后日本与诸国缔结通商条约之时，虽无增加本国保护强度之要，而对于诸强国之高度保护，则必须使其开放门户，尤必须使其开放植民地之门户也。

对于后进国之差别的待遇之中，嗣后足成重要之世界问题，而又与日本有甚深之关系者，厥为列强对于中国之差别的待遇。此当分为治外法权问题，及税权问题二者而研究之。

由治外法权问题言之，中国政治组织本不甚完全，又加以政治之腐败，不足以保护住华外国人之生命财产。故外国人不欲经入内地，与中国人杂居，其另画一定之租界，而行治外法权于其内，盖出于不得已。及对此制者往往曰，外国人之至中国，非中国人招之，实外国人自至。其来时固熟知其生命财产之不安固矣，知之而冒危险，则其责当由外国人负之。今外国人反以生命财产之保护之不足为理由，蹂躏中国独立国之体面，而行治外法权，实为一种侵略的行为，殊不正当。此言也，似辩而实不然。夫个人既生斯世，即负不能不与斯世行共同生活之义务，亦有行此种共同生活之权利。中国人亦人也，安能独异。盖世界之上，无论何国民，断无享有所谓锁国攘夷之权利者。就中如中国之地大物博，与全人类之生活，有重大之关系者。尤有为人类全体，开放富源，使之利用之责任。若中国主张其有拒绝世界的共同生活之权，是不啻自弃其为独立国之权利，及其为人类一部分之权利。诸外国对之，当有侵略征服之之自由矣。中国既负有行世界的共同生活之权利及义务，故中国必须追踪从日本之所为，极力改善其制度文物，造出与文明国平等交际之资格也。

今日中国人普通之所希望，大抵不外乎速作富翁，移居租界。托庇于外国人保护之下，以享安固之生活。以如斯之现状，而要求治外法权之撤废，安能如愿相偿。夫所谓世界各国民，皆有平等之生存权者，谓其皆有行共同生活之责任耳，非谓其有专恣放肆之权利也。世界之上，无论何国民，其无营丑恶蛮野，不能自保其本国民之生命财产之下等生活之自由。犹之乎无论何种强大之国，皆无对于他国行军国的侵略之自由也。试观现今世界之上，凡乏自主能力之民族，有一独立自存者乎？除中国外，有一不为文明国之属国，幸托于保护之下，以养成其自主能力者乎？由是可知文明人所谓平等生存权之作何解。中国之未被并吞，特出于列国之同情耳。

为中国人者，必当痛自反省，努力求能早一日进于秩序的文明生活也。日本与中国关系密切，有不得不共兴亡之势。故甚希望中国早日进步，得与文明国行对等之交际。易词言之，即日本消极的，无论何国，不当许其侵略中国。积极的，又不得不援助中国之改造也。然以从来之往事观之，则日本不但此种消极及积极的援助之努力，有所不足。且往往有不利于中国发展之行动。此固吾辈所尝痛叹切论之者也。

次论中国税权恢复问题，此问题之根据可分为独立国之体面论及实质论二者。

由体面论言之，独立国而无海关税自主权，其有伤体面，自不待言。既失税权之当恢复，亦更不待论。然就事实观之，中国税权旁落之理由，正与治外法权存在之理由同趣。中国因警察及司法之幼稚腐败，不足以保护外国人之生命财产，而发生治外法权。又因税制及征税机关之紊乱，对于诸外国之输入品，难于励行文明国共通之待遇，而致税权旁落。例如内地通过税。今日文明国一般所排斥者也，而中国盛行之。又如征税机关，紊乱无章，内国品与输入品之间，往往有偏颇之待遇。凡此凡足为税权旁落之口实者也。且就事实言之，中国今日之海关，亦唯因在外国人管理之下，始得为中国之一大财源耳。假如全然任诸中国人之手，则其紊乱无章，恐不免将与他种税制相同。且中国之财政，腐败紊乱，常陷于破产的状况，而国家对于人民之威权，又极薄弱。难行内地税之增收。故中国一旦若获海关关税之自主权，必且屡增海关税率，以图供应目前燃眉之急，而不暇顾及产业振兴之妨害，及国民生活费之增加。故从中国经济之发展上观之，遽言中国海关税自主权之恢复，不无时机尚早之感。此吾人今日所以主张以中国人士，能热中于产业之振兴，及中国政府能尊重产业之利益二者，为中国海关税自主权之恢复之根本条件也。

现在列强与中国所缔结者，为片务的通商条约。列强对于中国输出品之待遇，毫无条件上之责任，其不公平固也。然中国之输出品，大抵为原始生产物。此类货物，在一般文明国，皆常受无税输入之待遇。故实际上，不能谓中国因有片务的条约，而其输出品受不公平之待遇。故由中国税权恢复之实质论言之，大抵专论中国对于外国输入品之课税权之问题，尤注重于输入税率增加之问题。主张增加输入税率之理由有二，一为以增加国库收入为目的之财政论，一为保护贸易论。

欲谋中国财政之改善，除增加海关税率外，尚有种种当急之务，兹暂不遽。若单从国库收入之增加论之，实以今日之五分税为基础，加二分五厘之抵代税。易词言之，即改今日之五分税为七分五厘税，最为适当。若贸然加为一成税，或一成五分税，则收入之增加，必且不能与税率并进。此种增税，足以阻害富源开发事业之进步，并足妨害中国人之外国品购买力之增加。其结果税率增高，则收入税变而为保护税，输入品被排斥，而海关税收入必且不振矣。

近来中国主张增加海关税率之根据，大半为保护贸易论。然中国今日之基本产业，实为农业矿业等原始产业。而振兴之，最为急务。不此之图，而课重税于输入工业品，其结果必且增加原始产业之生产费及务业者之生活费，而妨害其振兴。使中国之交通金融教育等制度，较今整饬。则轻微之保护税，或能有振兴工业之效。而今日则万般制度，俱不完备，固未足以致此也。今日中国之工业，虽较前发达，然大抵皆系依赖外国之资本技术及企业者之力而始然。名为中国之工业，实为外国之所有物。似此带有外国性质之工业，安有保护援助之要。且各国因从前过于排外保护之故，致有此次之大战争。流血数年，耗费巨亿。今后方且群谋缓和排外保护之程度，以保世界之平和。而国力弱微，最须世界和平之确立。如中国者，乃热中于排外保护，欲种搅乱世界和平之种子，误孰甚焉。

中国因其海关税率较诸外国为低，认为不公平而要求增高税率者，累年于兹。然今与各国协议之结果，斟酌战时之物价胜贵，已改从来之五分税为事实上之七分五厘税，不日可见诸实行。自战争以来，世界物价大抵腾贵二倍有余。而外国输入品因船舶及保险之关系，尤为腾贵。因此之故，多数国之输入税率事实上颇见低减。以中国此次改正海关税率较之，亦不能谓中国税牵为特别低下矣。更由保护贸易之点察之，中国今日之对外贸易，尚以原始的生产物之输出为大宗。对于此种输出品而特课输出税，殆亦一种之保护税也，故中国今日保护之程度亦不能谓为特别低下。而更求增高，且从纯理言之，中国今日要当以振兴一般原始生产业为急务，若重课输出税，其结果虽或可以抵制外国之工业家，保护本国之工业家，而本国之原始产业家，必将受莫大之摧残，不惟非计之得者。抑亦有背乎"天然资源当与人类共之"之原则矣。中国之输出税，纯出于财政上之理由，而非有经济的帝国主义之意思。吾人虽可谅解，然不论意思之有无，此等实行经济的帝国主义之事实，要当早日除去之也。夫中国民族之理想，最重要者，实为平和主义。嗣后中国民族，对于世界人类之贡献，亦不外乎此种平和主义之维持发展。

今乃采用经济的帝国主义，实行组织的保护贸易，天然资源锁闭及原始生产物输出之限制等政策。此非减却自己最贵重之理想者而何。凡民族理想之废灭，每足民族之衰亡。为中国人者，其自反哉。惟中国近年倾向帝国主义的思想之重大原因，实亦在于诸强国之采用帝国主义之侵略，中国对之行反动的政策，固不足怪。故吾人欲使中国实行其本来之理想，当先防止诸外国对于中国之侵略。此固属忠于平和主义之世界各国民之责任。而与中国势共存亡之日本国民，其责任尤当格外重大也。

译者按：此文虽不无有为而作之嫌，然大体则根据学理以为议论。其发我覆之处，惊心动魄，令人猛省。其自为辩护之处，则委婉曲折，令人倾听。固未可以寻常笑骂文章视之也。他山之石，可以攻玉。愿读者虚心读之。

庶民政治与国民文化^①

译我等杂志二月号

陈启修　节译

一

　　政治之最终目的何在？在增进国民之文化生活。此实学术上当
然之结论，而不容疑者。然常人之见，每视政治与文化二者，若毫
不相关者然。即一国中之青年，在理对于文化上诸问题，应深有理
解者。而对于政治，亦常持极冷淡之度态。此其原因，或甚复杂。
然文化与政治之关系之不明，殆其主因。夫一国人民之有新陈代
谢，乃天然之理法。今日之青年，即明日之政治上的主人。翁现在
之政治，已误于老年人及壮年人之手，振衰救弊，责在青年。故对
于今日之青年，不能不望其有特别之修养。本篇实专为青年而作者
也。世人对于政治之趣味，多由物质生活上之意识而来。而青年诸
君，大抵皆衣食于人，不知稼穑之艰难，无物质生活上之意识。故
往往潜心于文化事业，而对于实际政治，则不大留意。而世人亦不

---

　　①　编者按：《庶民政治与国民文化》，《我等》杂志二月号，陈启修节译，
选自内务部编译处编：《世界大势》第 2 号，北京：内务部编译处，1919 年，
第 1～9 页。

以此少之。甚且有谓青年学生，不应谈及政治者。谬说流传，滋可浩叹。盖政治之为物，不但其最终目的在增进国民之文化生活。即其实际之手段，对于文化生活亦生极大之影响。今以文化宣传为生命之青年学生，而不欲谈政治，何啻缘木而求鱼，谬矣。

二

国民文化者，国民精神发扬于外之表现也，如学问艺术哲学道德法制风俗等。凡一般文物制度，皆属国民文化、国民精神，为国家生活之原动力，潜伏于国民心理之中。一旦迸出，则成国民文化。故国民文化，非可从外附加，实系从内发展。非国民外面之装饰，乃国家生活之根柢也。彼视国民文化为一种装饰体面之具者，方且谓某国已有某种文化，吾亦为维持体面计，不可不模仿之。无其精神，而袭其皮毛，故真正之国民文化。终不可得而期。如此者宜，亦知所反矣。

国民精神，为国家生活之原动的生命力。此虽为万古不变之原理。然时异境迁，则国民精神之内容及作用，常继续变化，或继续进化。故其发现于外之国民文化，亦或变其质，或更其量，以流动进化而不息。例如日本之文化，远与三韩隋唐接触则一变，近与欧西交通则又变，变迁不已，而国民文化乃日进。历史上各国文化皆然。不特日本，而一般官僚政治家及顽冥者流，动以"我国固有之文化""国粹""天经地义""特别之历史"等语，自表其陋劣，自绝其生机。如日本临时教育会议之建议案，即其最著之例也。

三

国民文化进化之证据，可于各国民之历史中求之。易词言之。各国民历史之存在，即足为其铁证。盖文化若无进化，则历史之为特物，亦无从发生也。国民文化之进化，由于国民精神之进化，前已言之。故欲知现代国民文化进化之程度，当先知现在国民精神所达之道程。以我等观之，今日各国之国民精神，实有日益多含世界的及人道的色调之倾向。虽然，我等非谓各国国民精神，今日遂能大同也。各国民所处境域不同，故其国民精神之中，亦不得不各含地方的模型，即不得不各有特别之异彩。自古如此，于今亦然，我等非不知之。然旷观而深察之，各国民精神之中，一面发现其各自特有之异彩，一面仍含有一脉共通之分子。此种倾向，近世以来，逐渐萌芽。当此大战终结改造世界之时，尤为继长增高。此稍留心时事者所熟知。而日本当局之老人政治家等，关于此点之自觉，反不深切，令人不满。试观临时教育会之建议案，可知彼辈关于国民文化之见解之固陋也。

四

兹不暇批评临时教育会议案说明书之全部，聊取其中紧要之一节批论之，以证明彼等所抱文化观念之陋。

上述说明书中，设有"维持我国之淳美风俗，凡法律制度之与此不相副者改正之。"一项。其说明曰。

"大凡敬长上，崇礼仪，重忠孝节义。其自特也俭素廉洁，专尚质实刚健之风。贵贱贫富之间，以情谊相与相怒相让。一国犹如一家，一团和蔼之气，涨于大和民族之地盘。此我国淳风美俗之景况也。"云云。

右（上）述说明，若为历史的事实之记述，则我等请问此种淳风美俗，在何时代尝涨于大和民族之地盘。若非历史的事实之记述，而仅为临时教育会议对于国民道德所抱之理想，则此等老人根本思想之顽固谬误，亦可一目了然。盖由我等观之，上述说明之目的，无非欲图封建的道德观念之再兴也。"大凡敬长上"以下文句之大部分，皆系旧时代政治家所编出之道德律，用以维持封建社会之秩序者。时至今日，犹欲抬出此种古董，是不啻在现代战场上用弓矢于立宪制度之下。赞美仇杀，一何滑稽。须知此等道德律，既不能维持其存在于昔时，又安能重获生命于今日也。

右（上）述说明中，极力推奖俭朴质素，若本质上深有价值者然。即此可知彼辈之文化观与我等之文化观之间，有一大鸿沟矣。以我等观之，现代人社会改良的努力，在使社会各员之生活日益富裕，轻减其仅为衣食之劳苦，而增加其对于过去文化之恩惠之享受。以使其能有余力参加新文化创造之事业。至于质素俭朴，则纵不在排斥之列，亦不当在奖励之列。何则？今日所谓下层社会之人，其生活上日用便利品之多，有非昔时王侯所能及者。苟俭朴而真有绝对的价值，则此等事实，岂不将为文明之耻？而文明利器之发明家，不将为万人诅骂之时乎？凡稍明现代之实情者，皆有以知其不然也。

俭德之实行，仅在特定社会之下，有相对的价值。东家有腐肉，而西家方粗粝不饱。于此之时。若东家能以社会的同情之动机，节其浪费，以赡西家，则东家之俭德，从社会同情之点观之，大可称许。然苟以社会的同情之意识，为观察之标准，则我等于主张俭德之先，不能不主张公平之分配。盖世界之物资有限，苟不废止掠夺阶级（有恒产者）压迫被掠导阶级（劳动者）之状态，则社会的同情，必不能达其目的也。

五

以上关于老人政治家之化文观，聊加指摘，欲以唤起青年对于政治与文化之兴趣。今且转论本题中政治与文化之关系。

政治非能直接创造文化者，然间接则有改善文化的环境之力，亦有改恶之力。直接创造文化者，虽属个人，而左右个人之本质者，实为文化的环境。莎士比亚之艺术，虽为莎士比亚所创造，然使莎士比亚不生于依里沙白士王朝时代，则其所创造之艺术，必不能为留于今日之艺术。诚以政治之良否，足以左右文化的环境。而环境之如何，又足以左右个人之发达也。

欲谋文化之发达，其第一要件在使直接创造文化之个人能免物质生活必要上之过度劳动。此种过度劳动解免之范围愈广，则文化发达之环境愈良。盖衣食足而后知礼节，乃一定不易之理。对于终年劳苦犹不能为人类的生治之国民，而望其创造文化，固理之必不可得者也。

或谓人民纵能解免物质生活必要上之过度劳动，而亦未必遂能以其所获之余力，从事于文化之创造。盖好逸恶劳，人之恒情。生冶裕厚，或将流于游惰，亦未可知。然好逸恶劳，虽属个人之恒情，而创造文化，亦为人类之特性。古人与今人，其性非甚相远。古之人能从恶劣的环境之中创造今日之文化，谓今之人不能从较为优良的环境之中创造更高之文化，无是理也。

六

欲图文化的环境之改良，须解免人民物质生活上之过度劳动。欲达解免之目的，须行庶民政治。盖不但自家痛痒自家知。劳动阶级之痛苦，非掠夺阶级之所能悉知，所能解除。且向虎狼乞命，亦非事势所许。故民自为政之庶民政治，实为解免物质生活上过度劳动之前提也。

或有谓庶民政治，为众愚之政治。而国民文化，则大抵有待于希贤之创造。因疑庶民政治反足为国民文化之害者，此特不知庶民政治为何物者之言耳。今姑无论现代世界各国之政治。皆为庶民主义所左右，而各国之文化，方蒸蒸日上。事实上已足证斯说之谬。且理论上从文化对于个人及环境之关系察之，亦足明斯说之无根据也。为此说者，大抵举艺术以为证。谓古来艺术之发达，多在贵族政治之下。不知贵族政治，仅为发生艺术之一种环境。其直接创造艺术者，仍为个人。个人在贵族的环境之下，得贵族政治之庇护，既可创造一种贵族的艺术。则其在庶民的环境之下，得庶民政治之庇护，又何不可创造一种庶民的艺术乎。要之文化发达之可能与否，在其文化之有无，而不在其环境之种类如何，此理之当然也。

七

一切文化，在国民间能得一般社会之共鸣，则成国民文化之要素。又一切文化，在世界上能得一般社会之共鸣，则成世界文化之要素。易词言之，一切文化欲成国民文化，不可不与精神共鸣。又一切文化，欲成世界文化，不可不与世界精神调和。由是观之，彼固持国粹或固有文化者，其无顾虑现在国民精神如何之要。乎彼主张以东洋固有之文明，贡献于世界文化者，其亦无熟察世界精神倾向何方之要乎？凡有学问上之良心者，必知此答之为肯定或否定也。

欧洲战乱与货币制度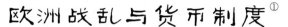

国译家学会杂志七月号

日本法学博士山崎觉次郎著，中江陈启修译

一、

此次欧洲大战乱，使全世界上社会各方面，发生种种之变化。故诸国之货币制度，亦受其影响，而呈种种新现象。事实上之变化既生，则关于货币之议论意见，亦当然相伴而起。举其重要之事实，而述说各专家之议论，此本篇之所以作也。兹所谓货币制度者，不仅指关于货币之法律规则，且兼指制度之实质。货币一语，亦解作广义，凡纸币等皆含之。

二、

货币制度上之新现象，为数甚多。兹举其显著者。大别为十五

---

① 编者按：《欧洲战乱与货币制度》，国译家学会杂志七月号，日本法学博士崎觉次郎著，陈启修译，选自内务部编译处编：《世界大势》第 4 号，北京：内务部编译处，1919 年，第 1～14 页。文末注明未完，但未见续译。

项。简单列记于左（下）。

（一）藏蓄　战乱将发之际，即一九一四年七月下旬，至八月上旬前后，德法等国之金银本位货币，忽绝迹于流通场里。此当日周知之事实也。其后补助货币，亦频见藏蓄。而在德国，则自一九一八年秋间以来，虽帝国银行之银行券，亦往往被藏蓄云。

（二）兑换之停止　法俄德比等国之中央银行，于一九一四年八月之初，停止兑换。加拿大、巴西、亚尔然丁等国之政府纸币，继而效之。瑞典挪威丹麦瑞士荷兰等国，或暂时停止中央银行之兑换，或附与政府以停止兑换之权能，莫不各有变化。

（三）银行券发行限制之缓弛　法国法兰西银行发行之最高额，屡次扩张，现为三百六十万万法郎，五倍于战前而有余。德国则中止对于限制外发行之课税。荷兰银行法，平常本定为对于银行券及存款之合计须有四成以上之正币。至一九一四年七月末，亦改为二成。其他意俄奥匈等国，亦莫不增加银行券发行之法定额。英兰银行虽未采从来停止银行条例之办法，然以一九一四年八月六日之法律，亦得行限制外之发行也。

（四）补助货币之加铸　开战以后，无论何国小货币之需要，俱骤见增加，重以藏蓄日多，常感不足。故诸国补助货币之铸造，较从来为多。

（五）特种之货币　诸国不但增发原有之货币而已，且又发行新货币。其中最显著者，为英国之政府纸币（Curreng notes），发行于一九一四年八月。德国自开战时，即设置放款金库于各地方，使发行一种不换纸币，名曰放款金库券（Darlens ＝ Kossens chein）。奥匈瑞士亦效行之。云德法等国之自治团体，商业会议所工场等，尝发行券面金额极小之纸币，或类似纸币之证券。其数不下数百种，尤堪注目。去年日本国内及属地，亦尝发生类似之现象。近年通行日本之小额纸币，即战时发生之特殊货币之一例也。此外德国尝以铁或钯制造小货币。瑞典、挪威、丹麦、诸国亦发行铁制货币云。

（六）金之输出限制　不兑换纸币之国，尝限制现金之输出，以防其逸散。虽政府即中央银行，往往有输出现金之事。而对于私人则严禁之。以故金银界上，常发生珍奇之事实。例如在意大利国内，美国银行券之价反较美国金币之价为贵是也。初时英国形式上虽未限制金之输出，然事实上则对于私人仍加限制。故意大利罗利亚教授尝评论之，谓为输出不可能之金本位（A non expuurtafle[①] gold sluntgsl[②]）。然至今年四月一日，则虽英国，亦以法律禁止现金之输出矣。美国及日本，皆以一九一八年九月实行禁止现金之出口。

（七）金之输入限制　一方面有限制现金之输出者，他方面乃有限制现金之输入者。例如瑞典挪威及丹麦诸国，尝于一九一六年之春停止金之自由铸造，免除中央银行以法定价格买受现金之义务。究其原因，盖一则恐因输出超过太多，国内金币激增，致发通币膨胀之现象。二则此等国中，皆苦物资缺乏，望金币之输入，不如望谷类等之切云。

（八）诸国保有金额之变动　国际贷借发生激变，尤以输出入

---

① 原文模糊。——编者
② 原文模糊。——编者

关系为甚。故诸国之间现金移动，其保有之金额，颇生变化。大抵系交战国之金日减，中立国之金日增。而获金最多者，为北美合众国，实获得全世界金总额之三分之一以上。欧洲之荷兰、瑞士、西班牙、挪威、瑞典等国之中央银行保有金额，亦俱大增。日本虽属交战国之一，而金之增加，则与中立国同。战前合在国内及国外之正币，仅三万万四千万元者，至最近则仅在国内之正币，已达四万万五千万元。（合国内外日本之保有金额在十一万万以上）

（九）金之集中　欧美金本位诸国中，金币之流通，即在战前，亦本不盛。及战争开始后，无论何国金币之流通，几于中断。各国保有金额，皆集中于中央银行或政府焉。欧洲交战诸国，保有之金额，大抵减少。而英法德等国中央银行之准备金，反较战前增加者，盖现金集中之结果也。据美国造币局之报告，一九一八年六月三十日，美国保有金额为三十万万七千五百万美金。然其中存于私人银行及个人之手中者，仅四万万美金而已。现金集中之盛可以推知。

（十）金块价格之腾贵　法德等国政府，形式上禁止金块涨价。而事实上金块与金币之间，仍不免价有高低。在英日二国中，则金块较金币价格腾涨。事实显然。此虽不能如一部论者之所唱道，谓为重大之变化，然究不失为一有兴趣之现象。世界金之产出额，自一九一六年以来虽已减少。然金块价格腾贵之直接原因，则为金币毁铸之禁止，及金输入之困难也。

（十一）银之腾贵　银产出额之减少，亦始自一九一六年欧战中。银价格之暴涨，实为自一八七〇年至一八八〇年十年之暴腾期间，以后所未曾有。斯固由于受产额减少及投机之影响，然其最重要之原因，似在诸国增铸辅币，致银之供求关系顿异平时也。银价腾贵之结果，使中国对外国之兑汇价格发生非常之变动，影响于其国际贷借之关系者，殊不少也。

（十二）汇兑行情之变动　此为欧战期中诸国通有之现象。唯其变动之程度则视各国之国情而有差异。伦敦夙号为国际贷借之决算所，今以此为中心而观察之。在战争勃发之初，汇兑行情之激变，除对巴黎外于英国为顺。例如纽育对英之汇兑行情，为一磅七美金是也。然自一九一五年以来，则对法国为顺而对美国则转逆，幸赖临机施行种种调和之策，得以稍杀其势，否则恐将睹更甚之逆调也。要而言之，一九一五年以后之汇兑行情，大抵于交战国为逆于中立国为顺。而其逆调之程度，除俄国不计外，奥最甚德次之。以下为意法英之顺序。美国对于交战国为顺，而对于欧洲中立国则因其引受法英诸国对于中立国之支付多为逆。日本对于欧美诸国为顺。国际汇兑顺逆之主因及其程度之轻重，概在输出入及其他国际贷借关系之如何。汇兑行情之变动既激，故诸国求其原因，竞行种种调节之策。其最显著者，为在外正币制度之采用外债之募集，及与外债募集相伴之"证券动员"。例如当战争破裂时，由美国输送现金至英本国，事实上殆属于不可能。故由纽育输送之于加拿大之卧塔洼，以为英兰银行之在外正币。此外英格兰银行亦尝置在外正币于南阿印度及澳洲等处，以替代现金之输送。至于在对手国募债，而供汇兑资金，以调节汇兑之行情，本从来各国所常行者。而此次英法二国在美国实行此法，尤属规模宏大。厥后英国债务既巨，则行所谓证券动员，以供担保之用。证券动员者，谓将英国人所有之美国有价证券，或他国之有价证券，统由英政府买受或存入而送诸美国也。

（十三）纸币发行额之激增　凡不兑换纸币发行之目的。皆在能多量发行，故不兑换纸币数量之激增，本属当然之结果，弗足为怪。英国之政府纸币，表面上虽属兑换纸币，而事实上则近于不兑换纸币云。总此等不兑换纸币及诸国之兑换纸币而观之，其总发行额，实达于莫大之数。据瑞士银行组合之所调查，以一九一四年六月之纸币总额，与一九一八年十二月之总额相较，则交战国（英法俄日德奥意美芬兰）之纸币总额，由十三万万二千七百万磅增加至二百四十二万万七千二百万磅。若以上列诸国之人口配分言之，则由每一人二磅五，增加至每一人四十五磅七。中立国（西班牙丹麦荷兰挪威瑞典亚尔然丁）之纸币总额，由二万万七百万磅，增加至四万万五千五百万磅。以人口计之，由每一人四磅一，增至八磅九云。

（十四）存款之增加　凡研究货币问题时，常有观察存款之要，而尤于研究货币价值之变化之时为然。今据"瑞士银行组合"之计算而举其概数，一九一三年（或一四年）英、法、美、加拿大、意大利、日本、亚尔然丁、西班牙、瑞士、瑞典、及德国之存款总额为四十八万万六千三百万磅。及至一九一七年（或一八年）则已增至一百万万九千二百万磅。其增加率为百分之一〇七·四。

（十五）货币购买力之激减　货币购买力之变动，由大体言之，可谓现于物价。而物价之暴腾，则为现今世界共通之现象。试举东京伦敦及纽育之物价，指数如左（下）。

	一九一四年七月	一九一四年十二月	一九一五年六月	一九一五年十二月	一九一六年六月	一九一六年十二月
东京	一○○	九五	一○一	一一三	一一七	一三七
伦敦	一○○	一○九	一二七	一四二	一六四	一九一
纽育	一○○	一○四	一一二	一二三	一三五	一五八

	一九一七年六月	一九一七年十二月	一九一八年六月	一九一八年九月	一九一八年十月	一九一八年十二月
东京	一五二	一七五	一九八	二二二	二二七	二二五
伦敦	二二○	二二八	二三八	二四三	二四二	二三五
纽育	一七八	二○三	二二○	二二二	二二○	二二○

三

诸国货币制度上所生之变化，既如上述矣。各国论者对之议论丛生，意见纷岐。兹在余所读诸杂志中，觉其略有注意之价值者，择而述之。而第一当注意者，为关于"因弗雷纯"（Inflation）之议论。

"因弗雷纯"者何也，英国经济杂志（The Economist）曰因弗雷纯者，通币之增加，较财货之增加为速之谓也。爱及渥斯（Odgeworth）教授尝认此定义为适当。又尼可尔逊（Necholson）教授曰，通币增加通常与富力商业及人口等之生长相适应。其不相适应者，为异常之通币增加，是即"因弗雷纯"也。又美国之弥拉（Miller）曰，"因弗雷纯"者，每起于购买用具之供给，较交易财货之供给速而且多之时。然则"因弗雷纯"者，当译为通币之膨胀，或通币之过剩。然据前节所述，诸国因此次战争之故，一方面物价暴腾，一方面货币激增，就中如纸币或存款尤甚。故"因弗雷纯"问题之起于诸国之中，实不足怪。

试就英国观之，英国经济杂志屡主张英国已起"因弗雷纯"。教授尼可尔逊，唱之最力氏。尝收集各种统计，比较各种通币之增加，与物价之腾贵，以为通币之增加。仅经五个月，即生效果。然反对此等主张之学者，亦复不少。麻辛多（Mosindoe）氏曰，"现今物价腾贵之原因。第一，为供给之激减。第二，为需求之激增。第三，为因政府纸币发行过多。而生之通币之膨胀。"又寄卜生（Gihson）氏曰，"战时英国之通币膨胀与物价腾贵之因果关系，究不能精确表示之。以迄战争第三年末之物价腾贵观之，恐其三成五分，起因于通币膨胀。其六成五分，当归于其他之原因也。"

又爱及渥斯教授曰，"以精确之料学的意义言之，通币膨胀之存在，未见证明。故吾人对于物价腾贵，不得不以其事实自满。其原因何在，可置不究。"

次观美国。主张此次物价腾贵。系起因于通币及流通的信用之激增者。为铿麦勒（Kemmerer）教授。反之拉弗林（Laug Lin）教授，则以为美国物价腾贵之主因有四。（一）为因劳动非常缺乏，及劳动之需求，非常加多。而来之生产费增加。（二）为因船舶之不足，而来之输入品运费腾涨。（三）为欧洲对于谷类等需求之激增。（四）为欧洲对于煤糖钢铁铜等之需求之异常。又弥拉氏曰，"过去四年间之物价腾贵。原因于重要原料及货物之比较的缺乏者几何。原因于货币之人为的增加者又几何。此非苦心惨澹施行详密之调查。万难有稍能望满之决定。然上述两要因，对于物价腾贵，皆预有力，则无容疑。现时昂贵之物价，一部分系表示缺乏价值，一部分则当视为由"因弗雷纯"而来之价格也。

次观德国。的伊尔（Diehl）教授曰，"'因弗雷纯'决非价格腾贵之主因，不过仅为附随的原因而已物价腾贵之真因。最重要者在物品方面，而不在货币方面。盖因战争而生商品市场之特殊状态而惹起物价腾贵也。"

更就日本言之，关于物价腾贵之原因，议论殊不一致。例如福田博士，认"因弗雷纯"为主因。而汐见法学士则反对之，以为其主因在货物方面之变动。余谓曰，本物价腾贵之发端，在舶来品之事实的缺乏，及缺乏之预料，次则日本商品，因欧洲品杜绝之故，骤为中国及南洋所需求，甚且输至欧洲，以故价格不免腾涨。又因此等输出及运费船租等之故，日本之国际贷借关系极为有利。或事上正币流入本国，或在外正币增额，二者皆足以促银行卷之增发。而此等银行券，不仅足以支持已涨之物价，且更足以使之继长增高。此种情况，继续甚久。故日本物价腾贵之原因，亦可谓在货物及通币两方面。惟其比例如何，极难决定耳。

关于物价问题，谓货币之数量流通力及财货之分量，皆不能获精确之统计，遂断定"因弗雷纯"之有无。不能证明。如爱及渥斯教授所主张，未免趋于极端。然如寄卜生氏，遽谓货币方面之原因为三成五分，其他之原因为六成五分，明下断定，亦不能无疑。要之弥拉氏之所言，似不仅限于美国，他国亦当同然也。

美国上院议员渥温（Owen）氏，昨岁赴欧洲考察，认定诸国为已经发生"因弗雷纯"。曾发警告。有曰"每人口一人所当通币之数量。在日本为十美金。美国为五十七美金。法国为百五十美金。……欲使一国财货，能自由向他国移动，不可不行国际的协定。使诸国每人口一人所当之数量，达于较为平均之域。……法国每一人所当之数量。若为美国之三倍，则法国对于美国，在外国贸易上不能行竞争于同一条件之下。日本每一人所当之货币数量，较诸他国低甚。此状态继续一日，则日本在竞争上当占胜利一日也。"云云。其议论之粗笨，直可惊异。夫历年各国每一人所当之通币数量，载在美国造币局之年报，其数虽不能谓十分精确，然亦不能谓为毫不足凭。今据此察之，各国之间，每一人所当之通币数量，悬隔颇远。例如英国，每一人所党之通币数量不及法国之半，然从未闻法国之外国贸易不能与英国拮抗也。渥温氏盖深信"数量说"者，然"数量说"而得此种人信奉，亦可为"数量说"悲矣。

马克思主义的根本思想特别注重其与布尔塞维克之关系①

福田德三博士在北大讲演　矛尘小峰合记

北大学生诸君：

我对诸君有讲演的机会，且居然能够来讲，很觉得荣幸的。不幸我讲演时不能用诸君所能懂的中国语，极为抱歉。我在十三四岁时，已读中国的古书，如四书五经之类，比诸君要早二三十年。即中国近代的文学，因我对他有兴味，也读了不少。但因中日言语的发音不同，不能用极有趣味的中国语来讲。幸而有陈惺农先生为我翻译，故敢在诸君之前大胆的用日语来说我所要说的话。但我很觉歉仄，远望诸君原谅。

因言语不通的关系，往往发生种种误解。即如中日国际间的关系，因言语不同，而以小事发生大变动者，不乏其例。这也不只是

---

① 编者按：《马克思主义的根本思想特别注重其与布尔塞维克之关系》，（日）福田德三讲，张廷谦、李荣第记，选自《晨报副镌》1922 年 10 月 13、14、15 日第一版。又刊于《北京大学日刊》1922 年 10 月 25 日第 1090 号第三版、10 月 26 日第 1091 号第三版、11 月 1 日第 1096 号第二、三版、11 月 2 日第 1097 号第一、二版。陈豹隐为口译者，故收入。

1922 年 10 月 3、4 日《北京大学日刊》第一版均刊登有《北京大学启事》，称："本月四日（星期三）下午二时，本校特请日本东京商科大学教授福田德三博士在第三院大礼堂讲演。讲演题目为'马克思主义的几个基本概念'，由陈惺农教授担任译述。福田博士为日本新人会领袖人物，对于马克思一派之学说，研究甚深。甚盼本校同人届时来听讲。此启。"当日讲演由胡适主持（参看胡适 1922 年 9 月 30 日、10 月 4 日日记）。

中日，即各国也都如是。在种种误解之中，关于学术的尤为重要。因学术的误解，往往引起世界上大不幸之事。今天所要讲的马克思主义，即为世人所误解的一种学说。我现在就想把他的真相披露出来。

关于马克思主义误解的很多，然犹不如对布尔塞维克之甚；此由于后者格外新鲜之故。因有这种的误解，使世上发生许多不幸。对于布尔塞维克的误解，可举一例以为证。在美国通晓马克思主义的学者，论理应该了解布尔塞维克主义了，而其实不然。他们一方研究马克思主义，一方误解布尔塞维克主义为世上最危险的思想。如美国学者司派哥（John Spargo）便是一例。他著书很多，最著名的一种叫做《布尔塞维克者的心理》，书中有许多误解之处。亦许他未尝不懂得布尔塞维克主义，因为要顺着普通一班人走，故意说他是危险的思想。除他之外，美国学者之间和他有同样的误解的也颇不少。我们仔细研究起来，他们的误解也是有原因的。布尔塞维克最率真的大胆的攻击资本主义，所以就容易招人误解了。但从我们的眼光看来，世上最危险的东西，不是马克思主义，也不是布尔塞维克主义，而是资本主义。

资本主义虽然有许多方面，大概可分为对内的资本主义与对外的资本主义底两种。刚才所说对于世上最有危险的资本主义非指对内的资本主义，而是指对外的资本主义说的。对内的资本主义除社会主义之外在人类社会中要算是最好的一种东西了。罗素曾在我们所办的《改造》上登过一篇《在未发展国家中之社会主义》（Socialism in Undeveloped Countries），就中国的情形立论，把我刚才所说的意思——对内资本主义在社会中是一种好东西——说得很明白的。

现在再举一个具体的例，就是实行劳农主义的俄国，自去年四月以来，列宁脱罗司基等都主张对内的资本主义是恢复国内经济状况很有用的手段。这个很可以证明我刚才所说的话。

我们人类的历史是一步步进展的，不是跳得走的。拉丁文中有句话说：Natura non focit Saltlme（自然不飞跃）。我们从历史上研究起来，确是很有道理的。我们现在可以从历史上证明的是：对内的资本主义为经济史上必经的阶级。

刚才说社会的经济生活是不飞跃的，而政治生活却可以飞跃。因为他能用革命的手段变更各种的组织。但一方面也受经济生活的抑制。英国培根说："欲制天须顺天"（Nature to be Command must be obeyed）。我们要改变政治生活，必须顺从经济生活的抑制。这种"自然不飞跃"说，便是我今天所要讲的马克思主义的根本思想。布尔塞维克主义既是马克思主义的一派，自然也遵守这"自然不飞跃"底条件的，而一班人对他竟有许多误解。推测一班人所以发生误解的原因，是由于布尔塞维克主义主张第四阶级的专制。他人即此便认他是飞跃的，不是遵定"自然不飞跃"的定理了。

刚才所说的马克思主义的根本思想，用特别的形式来组织便叫做唯物史观。然这个与哲学上的唯物观完全不同，即和哲学上的命运主义也是各异的。唯物史观说：人类一切事业的发达变迁，均以经济为原因；而经济之发达是有一定顺序的，不能一步跳跃的。至于顺序发达时所经历的时间则颇不一致。有的国家经历的时间很长，有的经历得很短，故顺序不能变而时间则可斟酌。但马克思派决不主张在经济状况发达的阶段中可以省去一节。详细说，就是欧洲的资本主义自十六世纪起到现在这样的发达共经过了四百年左右，别国有只经过了一百年的。但时间纵然有长短，决不能把经济发展的阶段省去。马克思主义者都是这样主张，因此列宁虽在劳农的俄国，也说不经过资本主义的阶段而到共产主义是办不到的。所以他想出一种把资本主义发达的时期缩短的方法，便是全俄的电化。

列宁说：用电化的方法，确信可把欧洲各国数百年所经历的阶段，在俄国几十年即可通过。我亦以为这个方法并不是空想，只要做得好是做得到的。所可怕的是在俄国正在努力从事于电化时，而欧美亚各国对俄来施行对外的资本主义；全俄电化的举动怕要受他们的影响：这里是最可怕的一件事了。

刚才所说对劳农俄国有危险的，也对于德国的社会民主主义有危险，对支那有危险。这种有共通性的危险物，就叫做"对外的资本主义"，亦可叫做资本的侵掠主义，又可称为经济的帝国主义。依马克思主义说，经济的发展有一定的顺序，却有法使他缩短；所足为害的即资本主义他方面的对外的资本主义。

马克思和他的朋友恩格斯就资本主义最发达的英国来观察，都说资本主义快要告终了。而布尔塞维克主义乃是对于资本主义萌芽未发的俄国来行马克思主义。因此从表面上看来，马克思主义和布尔塞维克主义似乎相差很远，而事实上则不然。我们所以看得马克思主义和布尔塞维克主义似乎不相同，是因为适用之处不同。但我们所谓适用不同乃指政治的而言，非指经济的。换句话说，即从政治方面观察，其适用不相同呵。

马克思和恩格斯就资本主义已成熟的国家下观察，故对于政治方面不甚注重，把他看作经济的附属品、他们以为经济状况发达到那个地位，政治的革命自然会跟着来的。

马克思与恩格斯对于英德法等诸先进国的第四阶段，劝他们联合起来，从经济上抵抗第三阶级。而在未进化的国家，与其叫他由经济上来革命，不如叫他在政治上争斗：这层马克思亦不反对。但因其不甚注重，故不十分主张。而俄国的列宁和脱罗斯基，就把马克思以为不重要的认为非常重要。这是因为他们要缩短资本主义的时期，非把政权放在第四阶级的手中不可。所以他们很注意这一方面。

但是列宁和脱罗斯基却把所要缩短的时间算错了，虽然就主张马克思主义的立场说，不能说他的根本思想有错误。即使假定他并没有算错，如有对外的资本主义要加以种种的破坏，其计划亦不会成功的。即就实行社会民主主义的德国而论，在他国内的经济很困难的情形之下，如有对外的资本主义加以破坏，其实行社会民主主义的目的也不会达到的。再就中国说，一切事情的进行所经过的时间都是很长的，别国一百年可发达完全的，在中国则须二三百年。如我们这样缓慢的发展时，有对外的资本主义来破坏，就是这种缓慢的发展也不会达到目的。故我方才说对俄对德对中的改革的共同的仇敌，即由同一根源发生出来的对外的资本主义。这亦是我所要说的马克思主义的根本思想之一。

说到这里，我要对于马克思主义下批评了。马克思主义的观察都着眼于资本主义发达的国家，没有注重到资本主义未发达的国家。因此对外资本主义的势力和危险，在马克思书中没有十分说到。布尔塞维克主义便对于马克思主义的这一方面加以一种补充，但照我个人的见解，他这种补充还觉得不够。因为他们都是主张"资本主义之自然崩坏论"的；他们以为资本主义势力的延长是一时的现象，让他下去，不久自然会崩坏的。但我看是错的。他们的学说既建立在这错误的基础上，自然就不很充分了。

马克思曾说，生产受消费的支配，不消费的东西是不会生产的。简单说，即未有不消费而能生产者。我则以为这是根本错误的。在日本主张此说的是河上肇教授，常和我争战。但从反对派方面说，可说这是对于马克思的一大反动的思潮。关于无消费即无生产说的反动，今日限于时间，不能详说。总之，因为他这方面错误了，所以对外的资本主义在他的书中没有详细说明到。

马克思虽说，决没有不消费而生产的。但以现在生产社会的情形看来，并非是显到怎样消费以后才生产的。生产是盲目的；马克思因此说这种情况只可暂时的弥缝，经久就要破裂。其实这还是因为马克思把经济社会看错了的说法。现代的经济生活，消费是在生产之后的，有了生产以后才来学怎样的消费。如果生产无限，消费也是无限的，不过生产比消费先走一步，这一步是非常的长而且宽的。这就是所谓"资本的储积"。倘若要来放任资本主义，以为他自身自然的就会破灭，这也未免太乐观了。资本储积的时间可以很长，自然的崩裂也很难期待，也许是不会的。

即让一步的说：资本主义固然自己一时走了绝路，但是须经过一段很长的时间的，河上肇教授也承认这句话。而问题的要点亦在于此。

当资本主义要走到末路时，外来的资本主义要是侵入了，就要发生一种很不好的结果；即不很长，而外来的资本主义倘若乘机侵入，又任其自然的发展，也要发生一种极大的障碍的。尤其是在中国——历来任何事的发达也比别国的迟，自然外来的资本主义容易浸入，且也容易使这些恶草支蔓。

在最近的时期中，中国还没有把外来的资本主义的危险看破，然而劳农政府的俄罗斯和社会民主主义的德意志，已经都看出外来资本主义的危险来了。这因为马克思曾在其书中约略的说过，所以他们能看出来。

马克思说："真的社会革命，一定不可不世界革命。"世界革命就要打破对外的资本主义。关于这一点马克思和布尔塞维克主义根本是相同的。所谓世界革命，并不是要来推翻一个君主或是政府，来另换一个；是要来打倒外来的资本主义，俄国的布尔塞维克主义就建立在这思想上。但要世界革命，不只是一个俄国就够，是要全世界的。所以我们一说到俄罗斯，或说到布尔塞维克，就以为是宣传；所谓宣传，就是想要来世界革命。因此我们想到布尔塞维克时，也就想起对于世界革命的宣传来了。

在现世中的不论那一国，若只要经济的或政治的革命，是没有什么意义的。倘若因为了革命，而遭外来资本主义的限制，很快的就可以使你恢复到革命以前的状况的。

德国现在很困难，虽然十分的不愿意，但仍不能不受外来资本主义的支配，劳农的俄国与德国处在同一的状况之中。因其如此，故无论怎样，都不能不希望世界革命快点到来。

我自己对世界革命是向来竭力反对的一个人；但在现社会之中，一方面有对外资本主义的侵略，一方面有被侵略者的对垒，虽然不愿意，也是不能够的了。想免除世界革命，在现世中是不可能的，纵然我们竭力的来防止。

倘若要想来免除或防止世界革命，根本的方法当先来免除或防止对外资本主义的侵略；这一点或者可以把马克思的误点改正。而且可以刷净了被马克思的误点所蒙蔽的一切。

现在对于世界有危险的，并不是马克思主义，或者布尔塞维克主义，最危险的便是对外资本主义的侵略；我是这样主张的。若问对外资本主义究竟是什么，我们可以拿马克思的一个根本思想来说明；就是马克思所说的："余剩价值掠夺（绞取，横领）。"

虽然，我对于这一点仍不能不加以批评，马克思只承认资本家与劳动者之间有"余剩价值掠夺"的关系，我以为这是一个不充分的理由。实际资本家未必都是掠夺者，而掠夺者也未必都是资本家。仔细看我们的产业组织怎样，就可以看出这一点来。若说资本家完全都是掠夺者，固然不对，即反过来说非资本家即非掠夺者，这话也是错误的。这很可以拿中国的情形来证实的。即除中国以外的各国，一面是内阁中的人物，或者是做知事、军人的，在一面当掠夺者的也很多。

马克思说人类的历史是阶级争斗的历史，我却以为人类的历史是掠夺的历史；这话在亚洲欧洲以及美洲都可以寻到很显明的例来证实的。真的社会改良，就当先来废止"掠夺"，而且非如此不可。倘只把经济界中的"余剩价值掠夺"废止，是小事；国与国之间的掠夺才是大掠夺呢。欧洲诸国能如今日般的发达者，都由于侵略别国而成。

从欧洲诸国看来，固然都是掠夺者，亚洲的各国多半是被掠夺者的民族，虽近来也有仿了欧洲想来掠夺的，然在亚洲仍是有大半的国家是居于被掠夺者的地位的。

马克思说："要废掠夺者，必须先废被掠夺者"（The abolition of the exploitateures must be accompanied by the abolition of the being exploited），因为有甘心受掠夺者存在，所以要来废掠夺者就当先来废止被掠夺者。倘若想把掠夺者废止，要没有了被掠夺者才行。如果要废止被掠夺者，须先改良社会状况；想做到这地步，非实行社会革命不可。

如果要来废止，从法理学上着眼，这便叫作"劳动全收权之恢复"（Recovery of the right of the whole produce of labour）。即关于对外资本主义的一层，我也想用"劳动全收权之恢复"来说明他：就是要使各国都能收回"劳动全收权"。

详细的说，劳动者劳力的结果，因特殊的关系，往往为把持劳动者所掠夺，同时劳动者就成了一个被掠夺者；这只就个人与个人间的关系而说。即在国际间也是如此的：如借外债，物品的输出和战后的赔偿等等，一方面居于掠夺者的地位，一方面就是被掠夺者，正和个人与个人间的关系一样。这是因为掠夺者的国家与被掠夺者的国家存在的缘故。

资本家掠夺了劳动者以后，固然发生很不好的影响，然而资本家或可得到好的结果。国际间的掠夺，不只是被掠夺者受害，即掠夺者也蒙害的。这种掠夺的存在，对世界人类都有极大的害处。对外资本主义的掠夺，以借款为最显著；虽借款时说的天花乱坠的很好听，但借给了以后，承借者总是处处受债权者的束缚的，结果非把承借者的一切权利都剥削完了不止。

　　这种掠夺的状况，在欧洲自一八六〇年以后为最甚，因此际正是铁血时代，只要能掠夺，别的都可以不顾。在十九世纪前半叶，不是铁血时代，是"棉布时代"，所以掠夺的不十分利害。以后是钢铁时代，一切和从前都不一样。

　　在十九世纪的前半叶，是和平时代，自由贸易时代；自六十年以后，便成了角逐时代，而且都采保护政策；一方面借款，一方面输入机械，对外的资本主义即于此时发生。最明显的就是铁路之建设。例如为别国来建铁道：卖给他钢铁，卖给他机关车，更把工程师雇给他；但等路成以后，这铁路就成了抵押品，无异于卖给他的了。而且他对于政治和财政都要监督，车务管理也得让他，路债一日不还清，这种情形一日也不能停的。虽然等借债以后，也有因不得已而如此的，但的确也有先设了种种计划来希望这样逐渐掠夺的。

　　今天因限于时间，不能详说。总之，马克思主义和布尔塞维克主义虽不无缺点，大体是可以承认。而对外的资本主义，则为世界上最危险的东西。世人对于马克思主义和布尔塞维克主义则加以压迫，对于对外的资本主义则加以欢迎；把没有危险的看作危险，把危险的看作不危险：真是反乎常理，本末倒价了。

　　我前在日本主张劳农俄国是实行对内的资本主义，有许多人反对我；但现在赞成我的很多了。对于德国，在他未和日本开战时，我主张不能和他开战，即夺青岛一事我亦不赞成；当时无人附和，现在同意于我的也渐多了。然而在日本主张对外资本主义的愚蠢的人们至今还很多。中国人所认为奇耻大辱的二十一条要求，并非日本多数人民要求政府做的，不过是日本少数的政府中人为贪图自己的功名而如此做的，却使我们国民不得不分担一分责任，言之殊为痛心。

我们要学马克思主义，但不只以马克思主义为限，还要更进一步：这就是说不但注重国内的资本主义和劳工间的关系，还得加进注意国际间的掠夺。我们要为正义而战争。这是我在民国七八年和许多博士共同发起黎明会的原因。诸君正居于被掠夺的地位，一方面很不幸，一方面也是很微幸的，因为正可比马克思主义更进一步，把国际的掠夺来打破。我想这是将来一定可以达到的。（完了）

日本之政府及政党[①]

十一月二十七日日本植原悦二郎博士在本校讲演

陈启修教授口译　吴祥麟、张荣福合记

　　欲讨论此问题，须先明政府二字之意义。譬如，若干日前英国下院某议员质问外长张伯仑，问英国参加北京之关税特别会议，究竟与中国何政府交涉。张伯仑答以中国只有一政府，即与该政府交涉。就由这几句看来，亦可见政府意义之不一定。政府一词之意义，有广狭之分。广义的政府，涵义颇广。以中国为譬，段执政是政府，与其同进退之各阁员亦为政府。冯玉祥、张作霖所统之军队及其僚属，亦莫非政府。又譬如日本，天泉是政府，内阁亦是政府。元老，枢密院，裁判所，邮政局以及其他各种国家机关，无一而非政府。

　　今日所讨论者，并非此广义的政府，而是狭义的政府。譬如，在中国则指段执政及其阁僚，在美国则指大总统与国务院，在英国则指为下院多数党所拥护之内阁，至于日本，则指能树立政策，负责执行，与国会峙立之内阁而言。以下所云之政府，即指此政府。

　　第一，当明日本政府如何成立。余解释此点，不妨稍用感情

　　① 编者按：《日本之政府及政党》，（日）植原悦二郎讲，陈启修口译，吴祥麟、张荣福合记，选自《北京大学日刊》1925 年 11 月 30 日第 1818 号、12 月 1 日第 1819 号、12 月 3 日第 1821 号、12 月 4 日第 1822 号第一版、12 月 5 日第 1823 号第一、二版。演讲时间为 1925 年 11 月 27 日。

话，因今日为学术讲演，用之，谅亦不为诸君所见怪。先看中国，中国政府之成立，吾实不知有何法律根据。譬如目前之政局，或许张倒而冯来，段政府亦或许消灭，亦或许变而为或另立一能为冯玉祥势力所能左右之政府，其结果如何，吾实不知。至于日本政府之成立，则不然。大概凡一内阁既倒，天皇即召集二三有势之元老商议，另托某某组阁，此种商议，在宪法上毫无根据。商议既定，然后命某组阁，新阁即由此产生，此即政府成立之手续。

在共和国中之美国，其政府之成立，系由人民根据宪法选举大总统，由大总统再任命国务卿，合组内阁。而中国则若现在之段政府倒后，如何成立新政府，我们即不能预知。此可见同为共和，一可为真正的，一可为名义的。又譬如君主国之英国，若其现内阁包尔温政策失败，彼即须向英王辞职，荐反对党之首领以自代，新阁有人担任，彼即总辞职，一为下院多数党之意是从。至于日本则不然，内阁倒后，并不照英国方式以另组新阁，此其原因，亦如中美，即英为实际之立宪政治，而日本则为名义上之立宪政治。

自去年日本总选举后，众议院内即分为三党，即宪政会，政友会，政友本党。后宪政与政友会合组一内阁，于六月成立，即加藤内阁，但至今年八月，二党意见不合，加藤在众院即失去多数党之势力，遂向天皇辞职，摄政（天皇有病退休，由皇太子摄政）遂召集元老商议，后商议结果，仍令加藤再组阁。但众院议员有四百六十四人，宪政会只估百六十席，故加藤之能再组阁，并非众院多数之拥戴，而是元老之推荐。此种组阁手藉，在立宪之英国则绝对不可能，组新阁者非下院多数党之领袖，亦必能左右他党，使与自己合作，造成多数势力者。故担任组阁之人，非自信能得下院议员多数拥护者不可。今加藤则不然，不但所领袖者为少数党，且反对者占最大多数，此可见立宪政治，在日本尚不能充分实行。能领袖下院多数党者方组织内阁，乃立宪政治之精神，是今日之日本政治，尚不能谓为完备之立宪政治也。

以上所云者，为内阁之如何成立，以下再讨论成立之后如何。日本内阁之成立，虽须先经元老和天皇之商议，但于既成立后，则元老与天皇，不能干涉。论日天皇之权力，在世界各国君主中，可谓为最小者，真正立宪国之英王，其权力亦较之大。在日本天皇之尊严，只为社会上或形式上之信式的尊荣，而非有政治上之最重要地位，其一举一动，离内阁均不能行。故反而言之，即政治上之握重权者在日本之内阁，除英阁外，即美之大总统亦不能与之比，吾人谓其为世界上最有大权之内阁，亦不为过语。

在中国虽名为四万万人首领之段执政，政治上欲有何举动，亦必听命于国内之武人，否则，一事亦不能办。而日本内阁则不然，内阁总理之权，非常阔大，事事均可独立进行。譬如，日本与外国缔结条约，内阁可独立进行，不受何人限制，因日本国会根本即无条约批准权。英之内阁总理，权虽阔大，但缔结条约，必须众院同意，否则，不能缔结。美总统权虽大，而一切条约，均须上院批准。譬如，威尔逊在巴黎所结之各约，未被批准，卒归无效。不但外交上日内阁总理之权如此大，即军事方面亦然。日宪上虽规定天皇统率海陆各军，而事实上则军队之调遣，均须内阁总理之副署，方能发表，故日本海陆军之大权，事实上仍握自内阁。

日本内阁总理之命令，凡属日本领土，均行之有效。国家收入之行政费用，内阁亦可独立制定预算，不必预征议会同意，卒可使之通过。关于此层，虽握有行政大权之美总统，亦不能不于制定预算之先，预征下院内管理预算之委员会同意，否则，不能通过。

据以上所云，日政府之性质，大概已可明了，以下再说日本议会。议会内之活动者为政党，非个人。而政党之结合，或以主义，或以其他关系，但其活动必须标榜政见。以下就政党之活动与政府之关系言之。

照日本宪法之规定，无论政府有何立法，均须经国会之通过。方生效力，即可由内阁任意支配之国家预算，形式上亦须经此手续。故日本内阁虽有绝大之权，而同时仍不能不受议会之牵制。

日国会之组织，分贵族院及众议院。贵族院由全国各县纳高额税之人举出之代表，约每县二名，及其他有一定身分或由敕令指定者之人合组之。此等人在政治上无大活动，今可不必讨论，故吾人今可只就众院言之，盖众院议员，为全国民之代表，其关系国民者至重，而其在政治上之活动，亦最有力也。

由人民选举代表，合组议会，代行主权，树立法律，为立宪政治之精神，无论为君主立宪抑民主立宪，离开此点，即不能说明其立宪政治之究竟，今日本为君主立宪国，故吾人不能不就众议院为中心以讨论之。

照日宪之规定，日政府一切法案，无论为预算、为法律、或其他，均须经议会之通过，议会不通过时，则由政府解散众院，另行选举。此解散议会，在立宪政治原则上，是议会与政府处于对时地位，议会不通过政府之法律，即表示人民不信任政府，故此时政府可解散之，许诸人民，征求人民之真正意见，故解散议会，乃征求民意，非其他作用也。

日国会开幕后已三十五年，集会已三十四次。日议员任期四年，在此三十五年中，任期未满而被解散者亦有多次。在最初二十年，众院屡被解散，但其解散之意义，非如上段所云之征求民意，而是因议会不通过政府之预算与法案，借解散以示惩罚议员。前帝大上杉教授，即公然倡此议论，准此，吾人可知日本解散议会之意义。

此其原因，在日本当时官僚把持政治，势力颇大，不愿民权伸张，故有此非立宪原则之行为。但自立宪以来，民权自由之说，即渐深入人心，故其势力，亦日渐扩张，虽有日本之官僚政治，亦莫之如何。结果，遂于近二十年内之解散议会，渐脱离从前之意义，趋近于立宪政治之原则。由此，吾人可知日宪政之进步。

不但民权自由，日渐扩张，即教育亦日就普及，结果，遂影响到选民数目之递增。日选民数目，在立宪之初，只有四十五万，二十年后增至百五十万，二十五年后增至三百万，迄去年普选案通过后，全国二十五岁以上有选权之男子，在六千万人民中，有千三百万，虽女子选举权尚未取得，为美中不足，但宪政之发展，吾人由此即可知其梗概矣。

前年青浦子爵以贵族官僚之身分，因元老之推荐，不顾众院之反对而组阁，但在众院开会，青浦出席发表政见时，众院即通过不信任案，结果，青浦内阁不能进行政务，遂解散议会。其后，新议会成立，反对党仍占多数，青蒲内阁遂不能不辞职，而另觅能统率下院多数党者组阁。自此次事件后，凡日本之组织内阁者，即不能纯以贵族官僚为资格，而须视其人在众院之关系如何，据此，吾人又可知日本宪政发展之一证据。

从前选民数少时，日本选举，非常腐败，议员之取得者，多用贿买及其他手段，甚至借政府之力，由警察迫选某人者亦有之，其实际情形，吾实羞对诸君言。但因选民数增，即渐减少，更因民智日开，遂更不易运动或压迫，结果，议会中之真正人民代表遂渐多，此亦可见日本宪政之发展。

日本之政党，在从前亦如今日中国之冯玉祥系、吴佩孚系、交通系，或研究系然，并非政治主张之结合，而是私人政治利益之结合，故其结果，为私党，为朋党。但现在已渐变，迄数年以前，人民即渐不信此类私党，而渐信其政治主张与人民利益相适合之真正政党。所谓真正政党，即以政治主张相结合，以政见竞争选举，以国民利益为目的。日本人民所信仰者，渐为此种政党，而日政党已渐达此之地步，故今日之日本，正在由私党变为真正政党之过渡时代。

政党为立宪政治之要素，无论为君主为民主，舍此，即不能达到真正之立宪政治。欲明此，吾人可以专制政治为譬，在专制政治下，只须有少数聪明后秀之人，执掌政权，再利用愚民政策，即能达到良好之政治，故其容易，实超过立宪政治若干倍。因立宪政治之统治者为一班人民，一班人民乃为其自己所组成之国家而行统治，结果，则非人民均有智识，少用感情，明白国家利益，及个人与国家之关系不为功。故立宪政治实可谓为一切政治中之最难行之政治，离开政党，使人虽不能以政见相结合，立宪政治殆无美满进行之可能。

日本三十五年来之立宪政治，尚未达到真正完美之立宪，即因政党不发达，仍为官僚所包办。但因民智日开，教育渐普及，人民之政治经验亦渐充足，故现已渐入真正立宪政治之途程。现有之三政党，其为真正政党与否，虽尚不敢说，但均有其标榜之政策与政见，并已渐入以政治主张相结合之径路。故由日本政党发达史观察日本之立宪政治，究将来何年方实际完成宪政，但今正在过程中，而最近将来定可抵于成功，则可断言。

日本现有三党之将来，吾人于今亦可下一观察。余以为今年各议会开会后，大概被解散。解散后，政友本党亦将解散。虽其为分大部入政友会，小部入宪政会，或迳分裂为多数小政团为不可知，而下届之选举为政友会及宪政会二党之竞争，则可断言。竞争之结果，元老必不能违背议会之形势，以组织新阁。使宪政会失败，加藤内阁必辞职，而代以政友会之内阁。是由此，日本之政治即可变为英国式之宪政，以众院之多数党组阁，而合适于真正立宪政治之原则。此种变迁，余敢断定其必然。

日本将来宪政发展之详细步骤，虽不可知，而其大概可推测。二党政治将来定可做到。此次普选结果，劳动党方面或可选出五六个。无党者之议员，亦或可选出数个。数年以后，二党政治，定可完全树立，议会中之少数党，互相联合以反对在朝党。到彼时，今日之元老与枢密院虽尚存在，断言其定少作用，此又一定不移之变迁也。（以下多为鼓吹中日亲善，及以前日本对中国之政策为官僚所把持，并非日本人民之素愿，兹从略）。（已完）

一九二五——一九二六年度
苏联国民经济的预想^{①②}

启修 译

　　有史以来在世界上第一次出现的社会主义共和国—苏联—的国民经济，是否可以向前发展？假如可以向前发展，这个发展是向着社会主义走的抑是向着资本主义走的？这是全欧洲有阶级觉悟的工人群众急于要知道的。要答复这个问题，最好是举出关于经济事实的数字。苏联的国家计画院（Gosplan）曾经召集一种特别委员会（这个委员会的大多数分子是不属于任何帮派的苏联经济学者），委托他们审查中央经济机关的预算上的数字，所以这个委员会曾经对于这个审查，做了一个狠好的节略。（注，国家计画院是苏联的一个国家机关，属于劳动保卫苏菲埃之下，其职务在节制唯一的中央经济组织之活动，审查并综合过去的经验，以定将来的方针）。

　　这个特别委员会，为做这个节略，曾经遇着不少的困难，因为从来在世界历史上，还没有一个国家曾经施行关于其国全国民经济的计画——这个自然又是简单地，因为全世界上无论什么地方，都

---

　　① 编者按：《一九二五——一九二六年度苏联国民经济的预想》，启修译，选自《国民新报副刊》1925 年 12 月 13 日第 9 号，第 1—4 页；《国民新报副刊》1925 年 12 月 16 日第 12 号，第 1～3 页。

　　② 此文从柏林马克思主义国际定期刊（Die Internationale Zetischrift für Praxis und Theorie des Marxismus）十月十五号出版第八卷第十号翻译。

是资本主义统治着，而资本主义的社会中在原则上，又是一个无政府的经济秩序。所以这个委员会审查所获的结论，并不能说是绝对正确，毫无差池。但是他们的结论至少总可以供给凡学术上关于苏联经济状况的预想所能提供的一切材料。

他们的节略给了我们一些什么数字呢？

一，生产

在一九二五到一九二六年度，农业经济上原料生产的总价值，达到一一，四三六百万卢布，其中耕作物的价值占了一〇，二三六百万卢布。拿这个和一九一三年（这年是一个最丰收的年分）比较，农业经济原生产物总价值为一九一三年的百分之八十九，耕作物价值为百分之八十七。

若与上年（一九二四——一九二五）比较，则本年耕作物的生产额将要增加百分之二十六即增加四分之一以上。若只就主要谷物说，则本年的增加约一半（百分之四十九），达到战前时代的百分之七十九，机器耕作之生产额数字将超过战前。

关于工业，则新旧关系如下：当内战告终，新经济政策刚要实行的时候，大工业已经减到战前生产额的六分之一。新经济政策实行后的时候，大工业已经减到战前生产额的六分之一。新经济政策实行后，大工业生产额即逐渐增加，在一九二三——一九二四年，增加到战前生产额的百分之四十六，在一九二四——一九二五年，增加到百分之七十，在一九二五——一九二六年，将增加到百分之九十四，换句话说，将约略达到大战前的水准。

其绝对数字如左（下）表（战后数字皆换算为战前卢布的价值）：

百万卢布

一九一三	五，六二〇
一九二三——一九二四	二，五七〇
一九二四——一九二五	三，九五〇
一九二五——一九二六	五，二八〇

但上列数字是就工业全体说的，所以还不能充分地表示工业恢复过程的特色。我们还应该把这个过程，从三方面观察一下：（A）一般有国家的意义的大工业（即所谓重要工业），（B）意义较小，归地方的国民经济苏菲埃管理的大工业，（C）一切国家经营的，私人经营的及协作社经营的小工业。拿本年度比较上年度，这三种工业的增加数字如下：

一般生产额的增加	百分之三十四
A种工业	百分之四十八
B种工业	百分之二十六
C种工业	百分之八

由此，可见得大工业的发展比工业全体的发展要较快一点（百分之四十八对百分之三十四）。

在一九二五——一九二六年度内，制造生产工具（生产手段）的工业部门，将要大大地增加生产额。从前各年度的工业生产额的增加，从大体说，都是在制造日常使用品的工业部门。但在一九二五——一九二六经济年度，则下列各工业部门生产额将有顶大的增加：锰矿（Mang anerz）（百分之一四）、电气工业（百分之七十三），玻璃工业（百分之七十一），树胶工业（百分之六十七），金属工业（百分之六十三）。例如金属工业生产额，在一九二四——一九二五年度，仅稍微超过战前生产标准的一半（百分之五十五），而在一九二五——一九二六年度，则差不多要达到战前的水准（百分之九十）。

有一个事实应当特别注意的，就是燃料及电力的生产额将要超过战前的水准。而且电流的生产额将要达到战前时代的四倍。我们若想到列宁那句有名的话："社会主义是等于苏菲埃政权加上电气化"，我们就明白上述这现象的意义之重大了。

俄国全体生产总额（包含农业和工业），在一九二五——一九二六年度，将达到一八，一〇〇百万卢布。这个就是说：比起一九二四——一九二五年度，增加百分之二十八，为一九一三年全国总生产额的百分之九十。若再加上这样的一个经济年度，那末，苏联的国民经济就超过大战前的生产标准了。换句话说：在无产阶级专政的十年间，俄国不但将要完全治好了因欧洲帝国主义大战而受着的创痍，而且将要胜过战前时代的最高记录的年度了。

这是对于考茨基他们那样的谩骂家的一个最好的答复。

二，商品数量及物价变动

在一个农民占大多数的国家中，商品流通的数量多寡，是与农业生产品运到市场去而变为商品的过程，有密切的关系的，是要看这个过程的速度如何而定的。这个过程足以表示农业生产恢复的状况，他在近几个年度中，总是一天快似一天，往前进行着。在一九二五——一九二六年度，由农业产出的商品的数量，和上年度比较起来，要增加百分之二十七（即三，六三九百万卢布对二，八五七百万卢布）。上年度的农产商品流通量是与战前时代的百分之六十四相当，所以一九二五——一九二六年度的流通量，应该是战前时代的百分之八十一。本年度全国一切商品总流通量，将达到九，一四九百万卢布，和上年度的七，三〇七百万卢布相较，增加了百分之二十五，而为战前时代的商品流通总量的百分之七十九。

至关于物价，则一九二五——一九二六年中有下列的预想：一般物价指数将跌落百分之八零三，工业生产品物价指数跌落百分之九，农业生产品跌落百分之八。而最大的跌落则在树胶工业品（跌落百分之二十以上），次为煤炭及矿产品（跌落百分之十以上）及金属工业品（亦在百分之十以上）。

三，货物交通及运输

商品流通量的增加，自然会使运输的数量也因之加大。在一九二五——一九二六年度，货物交通的增加，无论在绝对数上或在相对数上，都要比在上年度的增加为大。在一九二四——一九二五年度，货物交通总量为四六〇百万铺德（一铺德约与中国三十六斤相当），对于前年的增加率为百分之十一，而在一九二五——一九二六年度，则将增加一，五二四铺德，就是说，要比上年度的增加，多出三倍以上。所以一九二五、一九二六年度的货物交通数量，要比上年度的货物交通数量，增加百分之三十三。而对于一九一三年度的关系，则为一九一三年的百分之八十。

与货物交通的增加相关连着而可以预想到的，是交通恢复的工作，许多新交通事业的设计等等。国家计画院（gosplan）的委员会，对于铁路交通的经费，在本年度，定为二三六百万卢布，其中，一〇〇百万卢布为新建设费及新投资费，其余为旧事业恢复费。此项费用的一八六百万卢布，系由国家交通委员会的自己资产中支出，其余五〇百万卢布则由现方发行的"国家经济复兴三〇〇百万借款"中支出。

四，输入及输出

输入及输出，也和一般商品流通量的增加相应，而有跃进的增高。输出差不多会要增加三倍，由二七〇百万卢布增到七五〇百万卢布。这个约莫百分之一七八的增大的主要原因，是在农业品的输出，因为他将由二〇四百万卢布，增到五五九百万卢布，即是说增加百分之一七四。工业品的输出，差不多会要加倍（增如百分之八十三），即由六六百万卢布，加为一二一百万卢布。关于输入，我们可以发见下述的数字：一九二四——一九二五年度是三三九百万卢布，一九二五——一九二六年度将为五一八百万卢布，就是说，输入有百分之五十三的增加。输出和输入比照起来，将有很大的差额，这种差额中的一五〇百万卢布，已决定用以供币制基金之聚积，及用以充国家银行对于外国银行的流动资金之增额。

输出入价格的巨大的膨胀，在苏联和外国的经济关系上，是狠大的一个进步，足使二者间的经济的联络日益强固。所以苏联先成为一个有力的输入国兼输出国，他的购买和他的出售，要和许多国家的经济生活，发生关系。

五，劳动生产力，工资及家屋建筑

社会民主党的新闻记者始终反复喋喋地说：苏联工人阶级，继续地灭亡着，苏联工人们正受从来未有的剥削等等。但是他们造的这些谣言，可以依几个干燥的数字，极明显地证明他的虚妄。在一九二五——九二六年度，劳动群众的人数，将要增加百万的四分之一以上，即是说，增加百分之二○以上。至于劳动生产率，则预料大抵要增加百分之十。但因为物价也预定要跌落百分之十，所以每一工人所生产的价值，应当仍然处于上年度水准之上，没有变动。然而工人的工资却与此正相反对，将有一个重大的增加，尤其是重工业上；例如在金属工业，增加百分之十九，在矿山工业，增加百分之二十三。实际的工资的增加，因日常生活用品价格跌落的结果，尤为显著（在金属工业，增加百分之三十二，在矿山工业，增加百分之二十五）。名义的工资，在一切工业上，将增加百分之十六（其结果，使用人的薪金，也将增加，因为在一九二五——九二六年度有许多大的原修缮工事和新的建筑的实行，势必不得不增加）。实际的工资大概将要增加百分之二十。这和说工资已经达到战前时代的水准，是一样的（因为一九二四——九二五年度的工资只是战前时代的百分之八十三）。但是，若我们拿粗制品生产价值和工资比较，则在一九二五——九二六年度，工资为粗制品价值的百分之一四·五，而在战前时代，则同样关系的数字，仅为百分之一三·五。

最后，关于上述工资关系的预测，可以注意的，是本年度中运输工人的工资；他们到现在为止，比较其他部门的工人，较少一点。可喜，他们的工资在本年度要增加百分之四十五了。

这一段的数字，可以表示两件事：第一，证明苏菲埃当局及共产党的见解不错，因为他们在昨年曾经施行一种大大的宣传，以为欲使劳工的物质的地位向上,首先应该要使劳动生产力增加,以为后者的结果一定就是前者。这个预言,果然实现了,预约果然兑现了。在一九二五——一九二六年度,劳动的标准虽然差不多仍旧贯,而工资却颇增加,这都因为苏联的无产阶级,在今年,享受他们在昨年加倍努力的结果。第二,可注意的是,当其他欧罗巴资本家方对于无产阶级,猛力进攻,想把工资减少的时候,而苏俄的工资,却反增加。俄国煤炭矿山工人的实际工资,每一卢布,增收三十五哥比以上,铁路工人每一卢布增收五十哥比以上。而英国的矿工,德国的机织工及其他各种工人,都反有失掉他们工资的一部分的危险。所谓资本主义的安稳,就是这样的呵!

最后,看一看关于家屋建筑的数字。俄国家屋问题,是非常重大的,因为,七年间战争和大都市中超过战前水准的人口增加,把关于家屋的需要与家屋的供给间的关系,弄得愈差愈远了。一九一五——一九二六年度的家屋建筑经费,达到三七五百万卢布之多,其中一〇〇百万决定用于旧家屋之恢复工事,一〇〇百万用于预防破坏的修缮工事,七〇百万用于在破坏旧址上的新建筑工事,一〇五百用于对于新增人口的真正的新家屋建筑工事。

六 工业固定资本的恢复

在一九二五——一九二六年度,工业固定资本(机器,工作台,建筑,建筑物及其他等等),将有狠大的增加。凡可以迅速发展的工业部门,例如金属工业,电气工业等等,都要求极巨额的关于固定资本增设的经费。此种经费之总额，几达十万万卢布（九七〇百万卢布）。其中三分之二（六四六百万）是决定用于恢复工事的。其他三分之一，则用于新建筑及新设备。总额中的大数目如下：用于金属工业者一八一百万，用于纺织工业者二四五百万、用于煤油工业者一一六百万，用于电气化者八〇百万。这笔费用的来源，几乎一半（四六六百万）是从工业本身的收入得来的，二三三百万是从国家预算，一七一百万是从长期借款得来的。

七　财政问题（金融，信用，预算）

自新经济政策实行以后，通货额数，已大大加增，这自然是实物经济过渡到交换经济时的一种必然的现象。但一九二五——一九二六年度的货币流通量，不因其前各年度内通货的大增加而不更增加：本年度通货增加，和上年比较，几及一倍：一，五八〇对八九〇百万卢布。交换计算，也要同样增加一倍。在一九一四——一九一五年，交换计算平均是八，一一百万卢布，在一九二五——一九二六年，则将为一，七三三百万卢布。此外，贴现和放款数，亦将增加（二，八五〇对去年的一，四二〇百万卢布）。

本年度国家预算的扩张，也同样值得注意。用商品卢布计算，本年度预算将由一、五三七百万卢布，增加为二、二四二百万卢布，就是增加百分之四五·九。若与一九一三年比较，则本年度国家预算为百分之七〇·六。最有兴趣的事实，是一九二五——一九二六年度预算的增加，要比原生产品及其商品部分的增加为快。

八　在苏联的国民经济中，社会主义的要素是否增加？

前段述的种种数字，对于苏联的国民经济是否向前发展的问题，可以给一个确定的答复。现在成问题的只是：这个发展是向着社会主义的方向走，抑是掉过头来，向着资本主义走？

这里又可发见数字，来从客观上回答我们的质问。在一九二四——一九二五年度之初，俄国全国的物质的价值总数中，属于国家者一一，七米利亚（十万万）卢布；属于私经济（主要的是农人经济）者七，五米利亚；属于协作社者○，五米利亚卢布。所以俄国总物质价值的百分之六十二即一半以上是社会化了。但在乡间，社会化的程度较低：只有百分之四；在城市，则社会化约莫有百分之九十六。生产工具的社会化约莫是百分之九十九。关于大小工业的生产价值的发展状况。有下表为证：

年　分	国有及协作社有		私有	
	百万卢布	百分比	百万卢布	百分比
一九二三—二四	五、五六二	七六，三	一、七二八	二三，七
一九二四—二五	七、五五○	七九，二	一、九七○	二○，七
一九二五—二六	九、一八六	七九，七	二、三三四	二○，三

由此可以看见，无论在相对数上或绝对数上，社会主义的经济要素，都慢慢地，却是确实地，增加了。此外可注意的，是工业的集中，比战前时代还要增加。在一九一一年，一切矿山及工场工人

的总数的百分之五十六，是在使用五百人以上工人的产业上做工，而在一九二五年一月一号，则在同样产业上做工的人，已变成一切工人总数的百分之六八·八，就是说，在三分之二以上。有趣的事，是在美国平均每一产业，仅有一五一个工人，而在俄国，则平均有二百三十九个工人。这就是社会主义的物质的基础。

在商业范围中，集体主义有狠重大的进步，尤为可喜：

年　　分	国有	协作社有		合计	私有
				百万卢布	百分比
一九二三－二四	二，九四二	二，六五三	五，五九五	三，九九四	四六，二
一九二四－二五	四，五七五	四，七五三	一〇，二二八	三，六五〇	二六，六
一九二五－二六	六，三四二	五，四九〇	一一，八三二	三，七二八	二四，〇

所以在商业范围中，不但国有及协作社有的商业，有一个绝对数的增加（在两年中，几增一倍），而且在相对数上，也有狠大的增加（因私有商业减退）。一九二三－二四年，国有及协作社有商业，只是全市场的一半稍强，而在一九二五－二六年，则约莫有百分之七十六。

无党派关系的学者们所组织的委员会，用下列的话，终结他们的策略："若是人们能够注意到，在蒸汽机关运输事业上及银行信用上，全交通机关及货币机关已百分之百被社会化了，那末，横在我们面前的大问题，可以依下述的公式，总结起来：只要是可以用经济的考察的地方，都看见战前时代的地位的确实恢复及对于社会主义的猛进——这猛进虽然是一步一步的，然而却是年年都有的。"

苏联国民经济的预测就是：慢慢地，然而因此反是较踏实地，一步一步，对着社会主义，向前进行——但并不是对着说得好听的，在马克丹那内阁，包叶斯及其他准社会主义的学者所构想的社会主义进行，而是对着一个物质的实际的、专政的无产阶级可以实现的社会主义进行。

阶级斗争的必然性和他必然的转化①

河上肇著　启修译

　　有一个实业家，在某学校的讲堂里，对许多学生，说了下面的话。——今天，我对诸君，告诉一个诸君出了学校以后如何成功的秘诀。这秘诀不是别的，就是这样。譬如诸君在某公司担任职务，最初月薪七十元，那时诸君一定要格外努力去做值得百五十元的事。若是薪水加到百元，那末，就应该努力做值得二百元的事。就是薪水加到一百五十元，加到二百元，诸君做事的要领，还是一样。只要时时刻刻专心努力去为公司做事，做比所领薪水价值加倍的事，那末，公司方面，也自然会看重诸君，肯把诸君的薪水，增加起来。因为薪水随着工作的努力而增加，所以做事的诸君，也感生趣味，越发热心做事，于是薪水越更增加。这样一来，不但公司方面，可以赚钱，就是诸君，也就会变成幸福的人了。而公司赚钱愈赚得多，则公司的事业，越会扩张，所以国家也就可以富强起来。总之，只要诸君做事能够照上面说的，存心努力，则不但诸君的生涯可以享幸福，而且公司也发达繁盛，国家也会强盛的。——读者诸君，对于实业家的这一段话，有若何感想？

---

　　①　编者按：《阶级斗争的必然性和他必然的转化》，（日）河上肇著，启修译，选自《国民新报副刊》1926 年 2 月 3 日第 57 号，第 1～3 页；《国民新报副刊》1926 年 2 月 8 日第 62 号，第 1～3 页。

　　我自己听了这个实业家的话的时候，作何感想呢？那时我觉得果然不愧为有名的实业家的话，真能够拿最平易的言语，说明现代社会的实相。他这段话和马克思经济学上说的"资本社会的利润即剩余价值是从雇用劳动者的剩余劳动来的"的理论，完全若合符节。马克思把那被资本家雇用去做一定的工作的工人们每天的工作时间，分为必要劳动时间和剩余劳动时间。必要劳动时间是为生产与工人们由资本家领取的工价相当的东西的劳动时间，即再生产这个工价时所必要的时间。剩余劳动时间就是必要劳动时间以外劳动时间，换句话说，就是工人不受工资白白地替资本家工作的时间。拿刚才说的实业家的话来比譬，因为拿一百元薪水的人，要做价值二百元的事，所以这个公司雇员的工作时间，可分成二部分，假如全工作时间是每天十点钟，则五时间是必要劳动时间，其余五时间，就是剩余劳动时间。所以这个公司雇员的工作也可分为两部分，一是由公司取了对价的工作，一是未取何种反对给付而白白地做了的工作。这种事实常常被资产阶级经济学者否认或忽略，而资产阶级本身——例如上述的实业家——却已在不知不觉中牢牢地意识着。

　　正如马克思所说："现象的形态和事物的本质，若能直接地一致相合，则一切科学，或将成赘物罢（资本论第三卷第二部三五二页）。"在我们的眼睛里，仿佛太阳是围着地球而周转的。然而研究天体运动的科学，却告诉我们说：实际上地球是围着太阳而周转的。同样，在我们眼里，觉得一切工作，都是付了工价的工作。然而实际上却可分为付了工价的工作和未付何等工价的工作。为要了解这个，我们不可不用马克思的价值法则，这个法则是关于商品运动——即现代社会的运动——的科学的分析的锁链。

被榨取阶级的劳动是由必要劳动和剩余劳动而成——这个事实，在劳动力成为商品之后，换句话说，即资本家的生产实行以后，才隐没了他的形迹，而不复成为表面的现象。商品在现代社会的各方面，都扮演着恶人，所以马克思的资本论从分析这个恶人即商品的分析开始。

被榨取阶级的劳动由必要劳动和剩余劳动而成的这个事实，虽然是在一切阶级社会里的共通事实，然而他发现的形态，却不一样。

试就最老的榨取形式即奴隶制看看。在奴隶制下面，奴隶所生产的，仿佛是尽归于主人，所以奴隶的劳动，仿佛全部都是剩余劳动。然而既然奴隶也是生物，不能不有生活，所以他所生产的生产物的一部分，必定要供他自己生活上的消费，所以他的劳动，在实际上，也是分为二部分：一是为生产他自己的生活资料所必要的劳动，一是这种必要劳动以外的剩余劳动。因此，在劳动生产力最幼稚的社会——一个人的劳动的生产力，只能维持一个人的生存，此外更无余力的时代——里面，捕房敌人，除却杀掉之外，没有办法。奴隶制的发生——被榨取阶级的发生——和不杀敌人的"道德"的成立，须有物质的条件，就是须在劳动生产力充分发展，使每个人的劳动，分为必要劳动和剩余劳动以后。

行于中世纪的榨取制的形态，是农奴制。从前在日本有百姓，作人，田堵，在中国有庄客，寄庄户，客户，在英国有维伦：这都是农奴的一种。在十二世纪的英国，一村耕地的五分之二或三分之一，是属于领主，叫做德梅因，其余的耕地，分与村中的农奴。平常的农奴，分受三十亩（爱克）土地，可以为自己的利益而在上面耕作。但是一星期中，应当有三天到领主的土地上去工作，而且不受何等工资。简单说来，农奴们向领主受一定量的土地而加以耕作，把耕作的结果，作为自己和自己家族的生活资料，同时，每三星期要无报酬地替领主耕作土地，其耕作的结果，完全归于领主。所以在这里，无论从时间上或从地点上看，都是很明显地露出农奴劳动分为两部分，一是为生产自己的生活资料的必要劳动，一是对领主白白提供的剩余劳动的事实。（这个事实，对于今日尚存的封建遗物的小规模——不使用雇用工人的——小作农，也可适用。这些小作农一面向地主租佃土地而加以耕作，一面把在这土地上所得的收获——或收获的代价——的一部分，作为地租，给与地主。这和农奴制下的情形，在事实上，是相同的）。

在资本家用工资雇用出卖劳力的工人之后，劳动者的劳动，依然还是由必要劳动和剩余劳动两部分成立。不过在这里，因为劳动力本身，也作为商品而被买卖，所以在外观上，仿佛一切的劳动，都是付了工资的劳动似的。在这里，工资的"现象形态"和"事物的本质"即劳动者的劳动是由付了工资的部分和未付工资的部分而成的事实，直接地不能一致了。于是不得不有科学的必要，因为这种现象形态和事物本质的表面的矛盾，我们只有用科学的方法，分析商品，才可把他解说明白而使之一致。

商品是什么？商品第一是满足人类的某一种欲望的东西，换句话说，就是含有某一种效用的东西，就是某一种使用价值物。然而并不是一切使用价值物都是商品。必定这个使用价值物，被放在能够和其他某种东西相交换的关系上，才得为商品，才有商品价值。

所以鲁滨逊克鲁梭的岛上，使用价值物虽然存在，而商品——商品价值——却不存在。人与人对立，若其人把其物看成有用的东西，则其物对于其人，发生使用价值。然要使物与物可以被交换，换句话说，要使此等物成为商品而有商品资格上的价值，则非有 A 物的所有人和 B 物的所有人，相互对立不可。在这里，物与物以人为媒介而对立，人与人也把物为媒介而对立。鲁滨孙克鲁梭虽然是一个孤立的人，然而因为他以孤立人的资格，尚可与外物对立，所以种种的物件，在他这方面，可以成为使用价值物。然孤立人的他，不能够和他人对立，不能够把他的物和他人的物，放在交换关系上。因此，他不能使他的物成为商品。他的岛上，即不能够有商品，所以他的岛上，也不能够有那商品流通的必然产物的货币——商品价值的凝结物的货币。他遭难船破的时候，他的口袋里，也许还存着几个金磅。这些金磅，在被海水没过之后，在物质上，依然不失其为金。然而自他爬上孤岛之时，即从他和使这些全成为货币的一切社会关系脱离了的时候，他要发见：他这些金，到此时止，继续是一种货币的金，现在对于他，止于一种金，而不是货币了。从那时以后，他对于他手边所有的物件的评价，将要把用几磅几先令的方法计价的事，断然抛弃了。在他的岛上，种种使用价值物，虽然存在，可是，将不能够把这些物件，合计在几千磅几百磅那样的单位价值量了。

由此看来，商品是不能够孤立存在的。XAW－YBW（表示 A 商品的 X 量和 B 商品的 Y 量在交换关系上）或更简单的表示方法的 W－W′（表示某商品和他商品在可以交换的关系上）的形式是商品在商品的资格上，可得存在的最简单的形态即细胞形态。这个细胞含着 W 和 W′两个心核。譬如帽子和靴、米和锅、那样使用价值（效用）全然不同的两个物件，放在价值的相等的关系上，使两个相反拨的核心，紧紧地被连络着，就形成一个细胞。这就是商品存在的最初的形态。在这里，成为问题的是：形成这细胞的核的物质是什么？照生物学者所说，一切细胞都是一种叫做原形质的半流动体的胶质物而成。现在马克思分析商品世界的——即人类的社会活动，依商品而行，一切的社会的生命活动都作为商品的运动而发现出来的社会即资本主义社会的——细胞，发见了：这个核就是"无差别的人类劳动"，换句话说，就是不问支出形态若何的人类劳动力的支出。（资本论，考茨基版第一卷六页）。一个细胞中的 W 商品核和 W′商品核，在自然的物理的性质上（就是在作为使用价值时的性质上），固然是完全相异，且因为相异而 W 与 W′在 A 与 B 这间，才被交换。然而若把这些物件，放在可以由社会上人互相掉换的关系上，则含在这些物件当中的具体的劳动，在社会关系上，把他具体性，化为抽象的，化为"无差别的劳动"而被置于等值的地位了。即是说 W 和 W′因为含有"无差别的人类劳动"的等量，所以价值被认为相等了。

照上面说的，一个商品，非与另一商品对立不能互结价值关系，所以 W＝W′是商品价值形态上可能想像得到的最简单的形态即他的细胞形态。这个单细胞动物，次第分裂，逐渐增殖，而长成为一种极复杂的生物。譬如在一大野原上，落了一点吸剩的纸烟头，这一星之火，漫延起来，遂成燎原烟火之势一样，这个在地球上最初发生的 W 与 W′的交换关系，渐次发展起来，到今日，把一切生产物，都包括在这个交换关系里面去了。现今的社会里面，差不多一切生产物，都作为商品而被生产，作为商品而被交换，因此，一切种类的生产物，都作为价值而互相关系着，以致几千百万种的生产物，都依 x 量的帽子、y 量的靴、z 量的米等等形式，在社会关系上，被放在相等的地位，在价值上，都作为等于几元或几百元了。换句话说，就是：在社会上相互交换其劳动生产物而营生活的人类，虽然他们具体的劳动的种类不同，而依交换的关系，把一切具体的劳动，都改换为无差别的抽象的劳动，把一切都投进那叫做价值的熔炉去，把他们改铸了，所以我们现在的社会——现代人类相互的社会关系——就是由上述那样细胞的几千百万个构成的一个巨大的生物。

我们要想理解这个生物体的运动，我们首先就要理解：构成这生物的细胞核的商品是使用价值及价值的统一体，为这商品价值的实质的是无差别的人类劳动（一种特别胶质物），及个个商品的价值的大小是依为生产这些价值之故在社会关系上所必需的劳动的分量而定。在这里，我不能够把这些问题，逐一说明。在本论文上，我的目的是在以这些关于商品的理解为前提，去考察在看作商品的劳动力。

商品的发生，是在几千百年以前。一旦有了商品之后，在世界各地方，各种生产物都逐渐地商品化了。这种商品的流通，达到一定的程度，则商品的领域，必定会分裂而为普通商品和货币，不管这是一个何种社会——关于这事，国民性的特征等，完全不成问题。因为若不以某种特定商品为货币，一切商品是不能够流通得很广远的。因为商品生产的结果，而发生货币，这个发生出的货币，自然会依他的反作用，帮助商品生产的发展。所以货币的发生是商品生产历史上的一大时代。然而比这时代还大的时代，在货币发生以后，更依人类劳动力也成了商品的事实面划定了。（人类劳动力，以商品的资格，出现于市场——这件事和随着商品交换的发展，特种商品必然地会转为货币一事不同，并不是由商品交换自身的性质流出来的。我在此处，对于这些问题，不欲多说，特□性质不同的东西，顺次列举着，恐怕发生误会，所以声明□句）到了人类劳动力也成了商品的时候，货币就因这个事实，而具有生产资本的机能，社会的生产，遂从属在资本的管制之下，结局，现出了现今这样的资本家的生产方法所管制的社会，现出了差不多一切生产物都商品化了的时代。人类劳动力成为一种商品之后，商品的领域，大大地扩张了。其结果，更依反作用，助成商品的急激的发展，遂至于使一切生产品都商品化了。中世纪的商人们虽能买得一切物品，而独不能像买商品一样，买得劳动力，——没有劳动，则生产无由行——所以他们只能够买卖他人所生产的商品罢了。这些商人能够变成一个生产的资本家，即有生产者资格的商人，而自己生产自己打算出卖的商品，这是在劳动力变成商品以后的事。

作商品看的劳动力之存在，是资本家的生产之前提。在资本家的生产下面，不断地发生着的剩余价值——资本家阶级获着的利润——的源泉，只有分析作商品看的劳动力，才能够理解。

作商品看的劳动力，和其他种类的商品一样，有价值和使用价值二者。那末，劳动力的价值，怎么样决定呢？答道：劳动力的价值，也和其他一般商品一样，依为生产他在社会关系上所必需的劳动的分量而定。换句话说，他是和为生产劳动者自己及其家族的生活资料所必需的劳动时间相等。我为以后的说明的便利起见，姑定这个时间为六时间。又假定足金二分等于一元，并假定为生产这二分足金，所必需的劳动时间为三时间（自然，在实际上，因矿山的不同，这个时间亦会不同；我们现在说的，总是就社会的平均的现象说），那末，因为六时间的劳动，可以用二元表示出来，所以这个劳动力的价值——看作商品时的价值——就是一天二元。这和说一顶帽子的价值为金二元一样，并没有特别的地方。作商品看的劳动力，所以有特种的性质，不在这里，而在他的使用价值。自然，无论何种物件的使用价值（效用），都是因为使用这物件和消费这物件，而后实现。例如食物的使用价值，依拿他供食用的事实而后实现，衣服的使用价值，依拿他穿着而后实现，所以劳动力的使用价值，也是依拿他来消费的事实而后实现的。其间不同的，只是：劳动力的消费，就是劳动的发挥，而且这个劳动，只要是他被拿来供商品生产之用，他就是一个新的价值的源泉。因此，就令资本家能够照劳动力应有的价值，买了劳动者的劳动力，假如资本家把这劳动力的使用时间延长到一定限度以上，则资本家必定能够照后段还要详述的，获得一种比他对劳动者支付的价值还要大些的价值。

在商品交换的世界里面，无论何人，要想获得他人所有的商品，必不得不付代价。一旦付了代价，他就获得这商品的所有权，有利用这商品的使用价值的权利。譬如我用两元钱，买了一个帽子，而且这两元代价恰与帽子的价值相当，那末，依前面说过的假设，为生产这个帽子，是费了六时间的人类的劳动的。现在我对于这六时间的劳动，付了二元，把这个帽子变成我的所有物，所以我有自由利用这个帽子的权利。但是，无论我如何自由地去利用这个帽子，我总不能够使这个帽子，发挥何等人类的劳动。所以这个帽子的使用价值的消费，也就是价值的消费。当而假如我买得的，不是一顶帽子，而是一个人类的一天劳动力，即是说雇用一个劳动者做一天工作，那末，结果就不同了。在这里，假如我付了二元钱，作为这个劳动力的代价（即工资），那末，我自然是照应有的价值，买了这个劳动力的。我既然付了相当的代价，把他人的劳动力，移归我有，那末，那个劳动力的使用价值，已经是我的，所以我可以自由地使用他。假如我是一个商品生产者，我为生产某种商品，使这个劳动者，行十二时间的劳动，那末，劳动力的使用价值，因这个使用的事实而实现出来，成为十二时间的劳动，这个劳动，具体化为商品，而构成商品价值。照前面的假定说，这个新价值，是和四元钱相当的。所以我付了与六时间相当的价值（即二元），买进一个人的一天的劳动力，把他作为生产费消费了去而得着与十二时间相当的价值（即四元）了。这样，在一天十二时间的劳动的当中，六时间是付了价的劳动，六时间是白白使用，不付代价的劳动，所以资本家，由劳动者，当作商品，购买着劳动力的资本家，纵令他是照劳动力应有的价值，购买了劳动力，他也可以使他们白白地为他做一定时间的工，而榨取一定的剩余劳动——一定的剩余价值。　（未完）